Paris
1876

ourdain, Charles-Marie-Gabriel Brechillet,

Le collège du Cardinal Lemoine

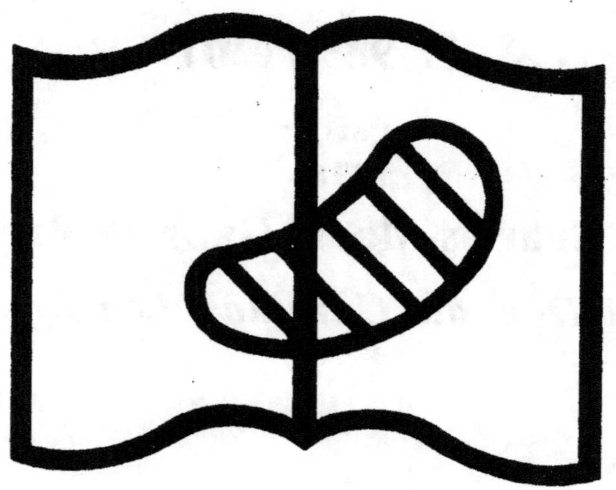

**Symbole applicable
pour tout, ou partie
des documents microfilmés**

Original illisible

NF Z 43-120-10

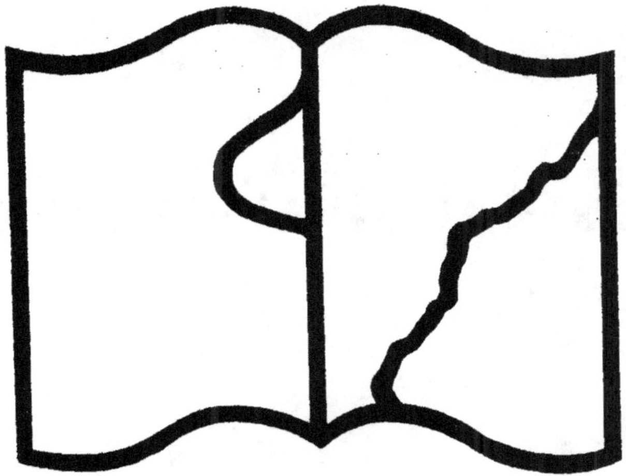

Symbole applicable
pour tout, ou partie
des documents microfilmés

Texte détérioré — reliure défectueuse

NF Z 43-120-11

LE COLLÉGE

DU CARDINAL LEMOINE

PAR

CHARLES JOURDAIN

MEMBRE DE L'INSTITUT

PARIS

1876

LE COLLÉGE

DU CARDINAL LEMOINE

Extrait du tome III des *Mémoires*
de la Société de l'histoire de Paris et de l'Ile-de-France
(Pages 42 à 81).

LE COLLÉGE

DU CARDINAL LEMOINE

PAR

Charles JOURDAIN

MEMBRE DE L'INSTITUT

PARIS

1876

LE COLLÉGE

DU CARDINAL LEMOINE.

I.

Parmi les quarante colléges que l'Université de Paris possédait encore au xvIII^e siècle et dont les murs vénérables avaient vu passer une longue suite de générations accourues non-seulement de toutes les parties de la France, mais de l'Europe, pour se former aux lettres profanes et sacrées, un des plus anciens, et sans contredit un des plus illustres, était le collége du Cardinal Lemoine.

Qu'était-ce que cette maison naguères célèbre entre toutes, mais dont il n'existe aujourd'hui pas même une ruine, et que les habitants de Paris ne connaissent plus que par une rue qui s'ouvre sur la rive gauche de la Seine, en face du pont de la Tournelle? Comment et par qui fut-elle fondée? Quels étaient ses règlements? Quelles furent ses destinées? C'est là ce que nous nous proposons de faire connaître dans les pages qui suivent.

Vers le milieu du xIII^e siècle, à une date qui n'est pas connue, naissait dans le diocèse d'Amiens, à Crécy, où les Français furent au siècle suivant défaits par les Anglais, un enfant dont le père s'appelait Lemoine, et qui reçut le prénom de Jean. Il était issu d'une famille qui tenait un certain rang parmi la noblesse de Picardie, et qui devait posséder d'assez grands biens, si l'on en juge par la fortune dont lui-même a joui dans la suite. Les historiens racontent qu'un des membres de cette famille, étant passé en Italie, se mit au service d'Alphonse Ier d'Aragon, roi de Naples; qu'il devint grand maître de l'artillerie sous Ferdinand Ier, fils d'Alphonse, et qu'après lui sa parenté continua d'occuper une haute situation à Naples et en Sicile. Nous ne saurions nous prononcer sur l'authenticité de cette tradition recueillie par François Duchesne[1]. Ce qui est constant, c'est que Jean Lemoine avait un frère plus jeune que lui, appelé André, qui fut évêque de Noyon et que nous retrouverons plus loin. Un ancien compte publié au tome XXII du *Recueil des historiens de France*[2] lui donne pour neveu un personnage du nom de Henri, dont le surnom est à peu près effacé dans les manuscrits. Un autre de ses neveux, Jean Blassel, chanoine d'Amiens, est mentionné dans un document cité par Duchesne[3]. Enfin parmi les témoins qui furent près de lui à Avignon, le 21 juillet 1313, et dont les noms figurent au bas d'un acte sur lequel nous aurons à revenir, on remarque un certain Jean Lemoine, *Johannes Monachi*, du diocèse d'Amiens, qui paraît bien avoir été de sa parenté comme de son pays, et que nous inclinons fort à confondre avec Jean Blassel.

Jean Lemoine fut-il, dès sa première jeunesse, envoyé par ses parents aux écoles de Paris? Sans l'affirmer ni le nier, bornons-nous à dire qu'il fréquenta tôt ou tard ces écoles, alors si florissantes; que ses études furent dirigées surtout vers la théologie et le droit canon, et que s'étant voué à la carrière ecclésiastique, il acquit par ses vertus et par ses talents une assez grande renommée pour être devenu chanoine de l'église de Paris et doyen de celle de Bayeux, titre sous lequel il figure de l'année 1288 à l'année 1292[4]. Mais Dubreul avance une assertion erronée et tout-à-fait gratuite, en disant qu'il fut évêque de Poitiers[5]; François Duchesne commet une faute semblable en faisant de lui un évêque de Meaux : la liste des prélats de ces deux diocèses n'a jamais donné lieu à aucun doute, et Jean Lemoine n'y figure pas, non plus que dans aucune autre liste épiscopale. A partir de 1291, nous le retrouvons à Rome, où il avait été bien reçu, pour emprunter les expressions de Dubreul, « d'aucuns cardinaux ». Appelé

---

1. *Histoire de tous les cardinaux françois de naissance*, Paris, 1660, in-fol., t. I, p. 315 et suiv.

2. *Recueil des historiens de France*, t. XXII, p. 767; « Henricus de Mont... nepos Johannis Monachi Cardinalis. »

3. Duchesne, l. l., t. II, p. 230.

4. Duchesne, l. l. *Gallia Christiana*, t. XI, col. 400.

5. *Théâtre des Antiquités de Paris*, Paris, 1612, in-4°, p. 654.

d'abord par le pape Nicolas IV au poste de vice-chancelier de l'église romaine, il fut lui-même élevé en 1294, sous le pontificat de Célestin V, à la dignité de cardinal-prêtre, du titre de saint Marcellin et de saint Pierre. Sa faveur continua et son autorité grandit sous Boniface VIII. Lorsque celui-ci eut adressé en 1298 à l'Université de Bologne la collection de Décrétales, connue sous le nom de *Sexte*, parce qu'elle forme en quelque sorte la sixième partie du recueil analogue publié par Grégoire IX, Jean Lemoine se fit l'interprète du recueil nouveau dans un commentaire qui reproduisait avec force la pensée et les prétentions de Boniface VIII, et qui se répandit rapidement dans toutes les écoles de la chrétienté. On lui doit un autre commentaire, animé du même esprit, sur quelques décrétales isolées, qu'il adressa lui-même par les mains de M⁰ Geoffroi de Fontaine, à la date du 16 février 1301, avec son explication du *Sexte*, aux écoliers de l'Université de Paris [1]. Mais s'il s'était placé par ces deux ouvrages au premier rang des canonistes de son temps, il s'était fait connaître, d'une manière non moins avantageuse, pour son habileté dans le maniement des affaires. Boniface VIII n'avait pas de conseiller plus fidèle, de serviteur plus dévoué. Aussi lors des démêlés entre le pape et le roi de France, Jean Lemoine, bien que sujet du roi, prit parti pour le pape; bien plus, il fut envoyé par Boniface VIII à la cour de Philippe le Bel, sur la fin de 1302, avec la délicate mission de convertir ce prince et de le ramener à de meilleurs sentiments envers la papauté. Il est vrai qu'il échoua dans cette négociation; il ne persuada pas à Philippe le Bel la soumission et l'obéissance; il se laissa lui-même soupçonner de menées occultes tendant à soulever le clergé du royaume contre le roi; et redoutant la colère du prince, il quitta Paris nuitamment, au mois de juin 1303, un peu avant la Saint-Jean-Baptiste, et se hâta de retourner en Italie, six mois environ après l'avoir quittée [2].

Tel est le personnage éminent dans l'Église, éminent aussi dans l'Etat, qui fut le fondateur du collége destiné à porter son nom pendant près de cinq cents ans.

Ce fut à Rome, à la cour des papes, que le cardinal Lemoine

---

1. Voyez notre *Index chronologicus chartarum pertinentium ad historiam Universitatis Parisiensis*, in-fol., p. 73, note 2.

2. *Recueil des hist. de France*, t. XXI, p. 640 : « Ante festum Sancti Johannis Baptistæ recessit ab Francia legatus prædictus, Johannes Monachus, in nocte arripiens iter de urbe Parisius. »

conçut le projet qu'il devait exécuter un jour. Il acquit à cet effet aux environs de Paris diverses pièces de terre, donnant un certain revenu, puis à Paris même une maison dite du Chardonnet, qui avait appartenu aux Hermites de Saint-Augustin, et qui était située rue Saint-Victor, entre le monastère de ce nom et le couvent des Bernardins, proche les murs de la ville. Elle fut acquise au prix de mille livres, et le contrat d'acquisition fut passé à Rome le 15 mars 1302, en présence de témoins venus de France, avec cette clause importante à noter que les Augustins, anciens possesseurs de l'immeuble vendu, continueraient à l'occuper au nom de l'acquéreur, jusqu'au jour où celui-ci jugerait à propos d'en prendre effectivement possession[1]. En joignant à la maison du Chardonnet les constructions et terrains y attenant jusqu'à la Seine, on avait à sa disposition un emplacement qui suffisait pour un collége de cent élèves. Et en effet le cardinal Lemoine aurait voulu y recevoir soixante étudiants de la Faculté de théologie ou *théologiens*, et quarante étudiants de la Faculté des arts ou *artiens*, comme on les appelait alors. Mais le défaut de ressources, et peut-être aussi le manque de sujets aptes à occuper les bourses, ne lui permirent pas de réaliser ce vaste et généreux projet. En dépit de ses intentions, il ne put instituer que quatre écoliers artiens et deux théologiens. Quoi qu'il en soit, il avait préparé pour ce futur collége un règlement en vingt-neuf articles, dont voici les principaux.

Ce collége devait s'appeler la *Maison du Cardinal*, et celui qui serait chargé de la diriger le *Maître de la Maison du Cardinal*. Quiconque, ecclésiastique ou laïque, y fonderait des bourses, aurait droit de présentation aux dites bourses, et transmettrait le même droit à ses héritiers à perpétuité. Quant à la valeur des bourses, le prévoyant donateur avait voulu la rendre indépendante de la variation des monnaies, fléau si fréquent sous Philippe le Bel, et il l'avait fixée d'après le poids même de l'argent, pour chaque bourse d'artien à quatre marcs, et pour chaque bourse de théologien à dix marcs d'argent par an, poids de Paris. Les boursiers présentés au *maître*, ou, comme l'usage de dire prévalut, au *grand maître* du collége, devaient être de bonnes vie et mœurs,

---

1. On peut lire dans l'appendice de ce travail, sous le n° I, l'acte de vente que nous avons retrouvé aux Archives nationales et que nous croyons inédit.

idoines à l'étude; si le grand maître ne les jugeait pas tels, il pouvait les refuser et demander au collateur une autre présentation; et si le nouveau candidat ne le satisfaisait pas mieux que le premier, il acquérait le droit de disposer directement de la bourse vacante, à la condition de l'attribuer à un écolier originaire du pays même du collateur. Ne pouvaient être admis au collége les artiens ayant un revenu annuel et personnel de plus de trois marcs, et les théologiens de plus de quatre marcs, que ce revenu provînt de leur patrimoine ou d'un bénéfice ecclésiastique. Les théologiens devaient avoir été reçus maîtres ès-arts dans l'Université de Paris ou dans celle d'Oxford. Le boursier théologien ou artien, qui s'absentait, était, après trois mois d'absence non motivée, déchu de sa bourse *ipso facto*. Le collége ne devait pas avoir d'écurie, et nul étranger ne pouvait être admis à y coucher. Les théologiens pouvaient étudier le droit canon; mais à quel moment? Durant les vacances : disposition plutôt restrictive que favorable, un peu singulière de la part du cardinal Lemoine. Ce grand canoniste accorde cette seule mention à la science qu'il avait cultivée avec succès; il ne la comprend pas dans ses fondations, et par conséquent il l'en exclut tacitement. Faut-il croire avec Dubreul[1] qu'il redoutait l'esprit de contradiction qu'elle pouvait développer chez les maîtres en théologie, pour la plupart candidats aux bénéfices ecclésiastiques, alors si convoités et si disputés?

En poursuivant cette analyse des premiers règlements de la maison du cardinal, nous y trouvons d'abord l'institution d'un prieur choisi parmi les théologiens et élu par eux tous les ans, le jour de la Saint-Luc, avec mission de régler ce qui concerne les messes, les jeûnes, les prédications, les offices pour les morts, les disputes scholastiques des théologiens. L'article suivant institue deux procureurs chargés du service économique et tenus, conjointement avec le grand maître, de rendre leurs comptes deux fois par an, au mois d'avril et au mois de septembre, en présence des théologiens et du prieur. La librairie, parlons plus clairement, la

---

1. *Le Théatre des Antiquitez*, etc. « Il n'a toutefois voulu fonder son collége que de boursiers théologiens : cognoissant que la pluspart n'estudient en droict canon que pour chiquaner des bénéfices. Et pour ceste mesme raison, il ne permet à aucun de ses boursiers d'aller aux escholes de Decret, sinon durant les vacations. »

bibliothèque du collége n'est pas oubliée; et le cardinal veut que tous les ans, dans la première semaine de carême, il soit procédé au recensement des livres qu'elle renferme; que l'inventaire d'une année soit comparé à celui de l'année précédente; que les livres manquants soient recherchés avec soin, et les livres nouveaux inscrits à l'inventaire. Il veut aussi que les études comme les mœurs des boursiers, artiens et théologiens, soient surveillées; que deux fois par an les uns et les autres soient examinés par le grand maître ou par le prieur, et que ceux qui auront une mauvaise conduite ou qui n'auront pas profité, soient exclus. Il délègue, après sa mort, au doyen et au chapitre de Saint-Vulfran d'Abbeville le droit de présenter aux deux bourses de théologien et aux quatre bourses d'artien, qui furent, comme nous l'avons dit, le modeste point de départ de la nouvelle fondation. Enfin il désigne pour maître de son collége Simon de Guiberville, chanoine de l'église de Paris, la nomination devant appartenir dans la suite à l'évêque, au doyen et au chancelier de cette église [1].

Lorsque la rédaction de ce règlement eut été arrêtée, Jean Lemoine le soumit au pape qui l'approuva par une bulle datée du palais de Latran le 12 mai 1302 [2]. Boniface VIII rappelle dans cette bulle que le Saint-Siége apostolique a toujours secondé par des faveurs spéciales les efforts de ceux qui cherchent à s'instruire dans la science sacrée. Il fait remarquer l'utilité des études théologiques, fécondes en fruits pour la maison du Seigneur, et le profit que l'Église peut retirer des études de philosophie naturelle et de philosophie morale qui facilitent la pleine connaissance de la théologie [3]. Il autorise en conséquence les règlements préparés

---

1. Les statuts et règlements du collége du Cardinal Lemoine ont été recueillis par les soins d'Edmond Richer sous ce titre : *Statuta collegii Cardinalitii cum aliquot senatusconsultis pro eorumdem statutorum interpretatione factis. Quæ quidem magister Edmundus Richer, doctor theologus et magnus collegii magister, in certos distinxit articulos et anno M D C XXVII typis edenda curavit; quo magni magistri et bursarii quæ sui sunt officii videant, ac pacem et concordiam inter se servare discant.* Félibien a reproduit la plus grande partie du travail de Richer au Ve volume de son *Histoire de Paris.* Comme ce dernier ouvrage est le plus répandu, nous y renverrons de préférence nos lecteurs.

2. Félibien, l. l., p. 607.

3. *Ibid. :* « Sane petitio tua nobis exhibita continebat, quod tu augmentum Facultatis theologicæ, fructus quidam uberes in domo Domini, eo propitio jugiter afferentis, necnon et naturalis ac moralis philosophiæ per quam ad

par le cardinal Lemoine pour le futur collége, et il exprime
l'espoir que Dieu voudra inspirer à d'autres âmes fidèles la volonté
de contribuer à une œuvre aussi utile et d'arroser par leurs libéralités cette plantation nouvelle qui promet de devenir un arbre
si fertile.

La bulle de Boniface VIII rapprochée du contrat d'acquisition
de la maison du Chardonnet marque la vraie date de la fondation
du collége du cardinal Lemoine : date qui ne doit pas être reculée
jusqu'en 1296 comme l'ont cru Corrozet et Sauval, ni retardée
jusqu'en 1304 comme le veut Dubois, ni même jusqu'en 1303,
selon le sentiment de l'abbé Lebeuf, mais fixée à l'année 1302,
comme l'a très-bien vu Jaillot.

Dans les années suivantes, le cardinal Lemoine ajouta de
nouveaux articles au premier statut qu'il avait donné pour son
collége. En 1308, il ordonne que les portes de la maison soient
ouvertes et fermées à une heure convenable, et que les clefs en
soient remises, dès l'entrée de la nuit, au prieur; que nul écolier
ne découche sans la permission du prieur qui ne la donnera que
pour de bons motifs; que pas une femme ne prenne ses repas, ne
boive, ni ne couche au collége; que toutes les semaines il y ait
une dispute scolastique à laquelle tous les boursiers seront tenus
d'assister, à moins d'empêchement légitime; que les artiens ne
conservent pas leur bourse au-delà de huit ans, ni les théologiens
au-delà de neuf ans; que les uns ni les autres ne fassent aucune
leçon ordinaire ni extraordinaire sans la permission du grand
maître [1].

En 1310, nouveau statut, disposant dans les termes les plus
exprès, que deux seulement des boursiers de la maison qui sont
devenus maîtres ès-arts, pourront donner des leçons ordinaires,
l'un sur les livres de logique, l'autre, sur ceux de philosophie
naturelle; que deux seulement, parmi ceux qui ne sont pas encore
admis à la maîtrise, pourront, durant deux années, faire des
leçons extraordinaires; que les théologiens ne prendront pas
leurs repas à la même table que les artiens, et que la dépense des
premiers, comme celle des seconds, sera proportionnée au taux
de leur bourse [2].

---

plenam notitiam ipsius theologicæ facultatis facilius pervenitur, ferventer
desiderans... »

1. Félibien, l. l., p. 610.
2. Félibien, l. l., p. 611.

Enfin par un quatrième statut, daté du 21 juillet 1313, le pieux et docte cardinal, qui savait à la fois le prix des livres et la facilité avec laquelle ils s'égarent, fait défense, sous peine d'exclusion, à tous ses écoliers, quel que soit leur rang, de prêter aucun livre appartenant à la maison, l'emprunteur eût-il offert de laisser un gage ou de donner caution [1].

Ajoutons pour en finir avec les actes souscrits par Jean Lemoine, que le 22 septembre 1312, une année environ avant sa mort, voulant accroître ses libéralités envers le collége qu'il avait fondé, il fit en sa faveur l'abandon de tous les biens et revenus dont il n'avait pas disposé autrement [2].

En 1308, par un bref du 30 août, le pape Clément V avait autorisé dans le nouveau collége l'établissement d'une chapelle, desservie par un chapelain ayant pouvoir d'entendre en confession les écoliers et de leur donner l'absolution, sauf dans les cas réservés au Saint-Siége [3].

En 1310, le chapitre de l'église de Paris céda, moyennant la somme de 200 livres une fois payée, les cens et redevances qui lui appartenaient sur une partie des terrains du Chardonnet, vendue au collége [4].

Des cessions analogues furent consenties par les ayants-droit pour les cens dus pour les maison, pièces de terre et autres biens que Jean Lemoine avait acquis près Paris, à Nogent-sur-Seine, par exemple.

C'étaient là de précieux avantages. Cependant ce qui devait paraître au cardinal Lemoine d'une importance plus haute pour la sécurité même de son œuvre, c'était que ses nombreuses libéralités fussent ratifiées, selon l'usage et la loi, par l'autorité royale. On peut conjecturer qu'à raison des sentiments bien connus du cardinal et de son dévouement à la personne de Boniface VIII, cette ratification souleva d'assez graves difficultés. Elle ne fut pas en effet obtenue en 1304, du moins pour ce qui concerne la maison du Chardonnet, comme le supposent la plupart des historiens de l'Eglise de Paris, mais seulement au mois de juin 1311 [5]. A ce moment les circonstances n'étaient plus les mêmes que dix ans

---

1. Félibien, l. l., p. 611.
2. *Index chronologicus chartarum*, etc., p. 86, n° cxv.
3. Félibien, l. l., p. 612.
4. Voir à l'appendice, sous le n° II.
5. Voir à l'appendice, sous le n° III.

plus tôt. Boniface VIII était descendu dans la tombe ; Philippe le
Bel s'était réconcilié avec le Saint-Siége, et la situation des affaires
le portait à se montrer bienveillant envers les anciens serviteurs
de la papauté. En parlant du cardinal Lemoine, il se sert
d'expressions qui méritent d'être rappelées ; il l'appelle son cher
et particulier ami, *dilectus et specialis amicus noster*. Il oublie,
il veut oublier que dans son commentaire sur le *Sexte*, le cardinal, champion convaincu de la suprématie pontificale, a écrit ces
phrases significatives : « Tous les hommes sont soumis à la juridiction du pape. Le pape peut déposer les rois et les empereurs ;
il peut mettre en tutelle les royaumes, à qui un tuteur est devenu
nécessaire [1]. »

Cependant les espérances que Boniface VIII avait exprimées
s'accomplissaient ; le cardinal Lemoine trouvait de généreux
imitateurs qui enrichissaient de leurs libéralités son collége nais-
sant.

Dès le mois de septembre 1310, Gérard de Courlandon, Pierre
de Latilly, et Simon de Marigny, exécuteurs testamentaires de
Simon Matifas, évêque de Paris, fondaient en son nom au collége
du cardinal Lemoine six bourses, trois pour des artiens, trois
pour des théologiens. Deux des boursiers devaient être originaires
du diocèse de Paris, deux du diocèse de Soissons, deux du diocèse
de Reims. Les collateurs étaient les prélats de chacun de ces
diocèses. Les biens et revenus affectés au service des bourses, et
par conséquent cédés en toute propriété au collége, n'étaient pas
sans importance. Ils comprenaient une habitation dépendant du
prieuré de Bréon avec les terres y attenant, plusieurs pièces de
terre, d'autres pièces de vigne et diverses redevances en argent ou
en nature.

En 1315, le frère du cardinal Lemoine, que nous avons nommé
plus haut, André Lemoine, évêque de Noyon, légua à la maison

---

[1]. *Glosa aurea super texto Decretalium libro tradita per Reverendiss. D.
Dominum Joannem Monachi*, etc., fol. cxxvii : « Quid ad papam de regibus
et eorum regnis ? Videtur immitere falcem suam in messem alienam, quod
esse non debet... Dico quod papa in quemlibet habet juridictionem... Sicut
Domini est terra et plenitudo ejus, sic ejus vicarii potestas non est limitata
territorio vel certis personis... Sicut papa propter delictum potest deponere
regem et imperatorem, ... ergo multo magis curatorem dare indigenti. Nam
ex quo rex nescit suam regnum defensare et pacem in eo observare, praeser-
tim pro religiosis et miserabilibus personis, istis curator debet dari... »

du Chardonnet quatre mille florins d'or de Florence, représentant un peu plus de trois mille livres tournois, somme moyennant laquelle Nicolas de Bailly et Jean Coilet, chanoines de Noyon, ses exécuteurs testamentaires, font l'acquisition de divers immeubles et revenus destinés à l'entretien, dans ladite maison, de huit boursiers, savoir trois artiens et un théologien du diocèse de Noyon, trois artiens et un théologien du diocèse d'Amiens. Les immeubles étaient situés dans la Brie, à peu de distance de Nangis. C'étaient entr'autres un manoir avec ses dépendances à Bruille, près la Croix en Brie, deux cent neuf arpents de terres labourables, touchant au bois de Bruille, vingt autres arpents confinant aux terres de l'hôpital, quatorze arpents de prés proche l'abbaye de Jouy, quatre-vingt-dix arpents de bois en divers lieux, etc. Bien que ces domaines fussent chargés de certaines redevances au profit des curés du voisinage, les produits en étaient assurément plus que suffisants pour la destination qui leur était assignée[1].

Dans la suite des temps, de nombreuses donations qu'il serait fastidieux et superflu d'énumérer furent faites à la maison du Cardinal. Toutefois même dans les jours les plus prospères, elle ne fut jamais assez riche à beaucoup près pour entretenir les cent boursiers que son fondateur avait rêvés. Au commencement du xvi° siècle, elle n'en avait que quatorze, c'est-à-dire deux de moins que ne comportaient les fondations réunies du cardinal, de son frère André et de l'évêque de Paris, Simon Matifas. Cette réduction n'était pas justifiée par l'état des revenus qui auraient permis de faire plus et mieux, s'ils n'avaient pas été en partie détournés de leur destination. Aussi le Parlement averti de l'état des choses y mit bon ordre. Sur la proposition du grand maître, Léon Aubert, il éleva, par un arrêt du 15 janvier 1544[2], le nombre des bourses à vingt-quatre, savoir dix-huit bourses de théologiens et six bourses d'artiens.

Il importe au reste d'observer que, malgré le petit nombre de ses boursiers et à raison de l'étendue des bâtiments, le collége du cardinal Lemoine eut de bonne heure une *pédagogie*, nous dirions aujourd'hui un pensionnat, qui ne se confondait pas avec

---

1. Dans notre *Index chronologicus*, etc., p. 83, n° cccLxxxviii, et p. 90, n° cdxxvii, nous avons reproduit le texte jusqu'alors inédit des donations de Simon Matifas et d'André Lemoine.

2. Félibien, t. I, t. IV, p. 715 et suiv.

le collége, mais qui s'y trouvait annexé. Parmi les écoliers qui composaient ce pensionnat, les premiers étaient les boursiers logés et nourris au collége, en vertu même de l'acte qui leur assurait la jouissance d'une bourse; les autres habitaient les chambres que le grand maître, de l'avis du prieur, du procureur et de la communauté des boursiers, louait ou cédait gratuitement à l'un d'entre eux ou à un étranger qui prenait le nom de principal et auquel incombait la surveillance et la direction de la pédagogie. Il arriva souvent que le grand maître obtint pour lui-même ou s'attribua la charge de principal. Un grand collége trouvait dans une pédagogie bien dirigée l'avantage d'avoir dans ses murs un cours d'études, ce qu'on appelait alors le *plein exercice*, quand le cours d'études comprenait à la fois des études de grammaire, d'humanités et de philosophie. Non-seulement ces classes intérieures servaient à l'instruction des boursiers artiens; mais en outre elles attiraient et retenaient une clientèle composée d'élèves non boursiers, quelquefois même des élèves externes, qui les uns et les autres ne coûtaient rien à la maison, qui n'étaient pas entretenus à ses dépens, et qui cependant contribuaient par leur affluence à sa renommée et à sa prospérité.

Jean Lemoine n'avait pas prévu cet utile annexe de son collége, et il n'en vit pas même les premiers développements. Après l'établissement de la papauté à Avignon, s'étant fixé lui-même dans cette ville, il y rendit son âme à Dieu le 22 août 1313; André Lemoine mourut à Sampigny, près Noyon, le 11 avril 1315. La dépouille mortelle des deux frères fut ramenée à Paris et déposée dans la chapelle du collége qu'ils avaient l'un institué, l'autre enrichi. Leurs deux tombes se touchaient, et chacune portait une inscription, qu'au temps de Dubreul, l'altération des caractères ne permettait déjà plus de lire entièrement. Mais leur souvenir ne s'effaça pas de longtemps de la mémoire des écoliers. Une fête fut instituée au collége du cardinal Lemoine : elle se célébrait le 13 janvier et s'appelait la solennité du Cardinal. La veille, tous les anciens boursiers, assemblés au collége, désignaient l'un d'entre eux pour représenter Jean Lemoine. L'élu prenait aussitôt des habits de cardinal et se rendait aux vêpres accompagné d'un aumônier portant son chapeau rouge. Le soir il donnait un repas suivi d'une distribution de dragées. Le lendemain, jour de saint Firmin, il assistait à la première messe dite par la Nation de

Picardie, et distribuait encore des dragées. Il était présent le
même jour à la grand'messe; s'il était prêtré, il la disait lui-même
avec toute la pompe requise. Le soir tous les écoliers venaient le
complimenter, et récitaient des vers et des harangues en son honneur, mais surtout à la gloire du cardinal illustre et bienfaisant
qu'il représentait. Longtemps, dit-on, les comédiens de l'hôtel de
Bourgogne eurent leur rôle dans cette solennité; ils se rendaient
à la grand'messe et la chantaient avec accompagnement, par recon-
naissance pour Jean Lemoine qui, suivant une tradition, avait
aidé les confrères de la Passion à se rendre acquéreurs de l'hôtel
de Bourgogne[1].

II.

Nous n'avons considéré jusqu'ici que l'histoire extérieure du
collége du cardinal Lemoine : il serait intéressant de pénétrer dans
l'intérieur même de cette maison qui s'était acquis une si bonne
renommée, de rechercher quel enseignement s'y donnait, quels
maîtres y ont professé, quels hommes illustres à divers titres y
ont passé leur jeunesse et s'y sont formés. Mais de pareilles
recherches ne donnent pas en général des résultats qui satisfassent
pleinement la curiosité. Les documents font presque partout
défaut, et c'est à peine si on peut glaner çà et là quelques détails
dignes sans doute d'être relevés, mais insuffisants pour un tableau
complet.

Il ressort clairement des statuts et des actes de fondation qui
viennent d'être analysés, que la théologie était dans la maison du
cardinal Lemoine la principale affaire du plus grand nombre des
boursiers : mais si elle y fut constamment étudiée, elle n'y fut
jamais l'objet d'un enseignement régulier. C'est aux colléges de
Navarre et de Sorbonne qu'avaient lieu les cours de théologie,
suivis par les candidats séculiers qui prétendaient aux grades.
Quant aux membres des communautés religieuses, tels que les
Dominicains, les Franciscains, les Bernardins, ceux de Cluny ou
de Prémontré, ils trouvaient, à l'intérieur même de leurs couvents,
des leçons et des exercices qui les dispensaient d'en suivre
d'autres.

Il n'en était pas de même pour les études qui composent le

---

1. Nous empruntons tous ces détails à Félibien, l. l., t. I, p. 506.

domaine de la Faculté des arts, la grammaire, les humanités et la philosophie. Comme nous l'avons fait plus haut remarquer, le collége du cardinal Lemoine eut des maîtres qui en exposèrent les éléments à de jeunes écoliers, et ce fut même par là qu'il devint un des colléges les plus importants de l'Université de Paris. Quels furent ces maîtres? S'il s'agit de ceux qui enseignaient au xiv° et au xv° siècle, leurs noms, ignorés même de leurs contemporains, ne sont pas parvenus jusqu'à nous. Quelle fut leur méthode? Elle ne différait certainement pas de celle qui était en usage dans l'Université de Paris; Priscien, Donat, le *Doctrinal* d'Alexandre de Villedieu pour la grammaire, les livres d'Aristote pour les diverses parties de la philosophie servaient de texte à leurs leçons.

Voulons-nous découvrir au collége de Jean Lemoine la trace d'un effort original, d'un pas en dehors de la tradition? Il faut nous transporter au xvi° siècle. La curiosité généreuse, la noble ardeur, le long espoir qui enflammaient alors les meilleurs esprits pénétrèrent dans la maison du Cardinal et y donnèrent une heureuse impulsion aux études littéraires.

Le premier professeur royal de langue hébraïque, François Vatable, y avait été boursier, comme étant originaire du diocèse d'Amiens; et quoique, selon les statuts, le terme de la jouissance de sa bourse fût arrivé, François Ier ordonna qu'il la conserverait, qu'il serait, suivant les formes de l'arrêt du 15 janvier 1544, « entretenu et gardé en son état, maintenu en sa charge pour le bien public, utilité de l'Université, décoration et honneur du collége [1]. »

A côté de Vatable, faut-il placer les noms de Turnèbe, de Buchanan et de Muret? Crevier hésite à croire qu'ils aient enseigné au cardinal Lemoine, et effectivement il n'a pour garantie de ce fait que le témoignage du biographe de Buchanan [2].

Une marque mieux avérée de l'essor des études dans la maison du cardinal Lemoine, c'est le cours de grec qui s'y donnait en 1528, sous un professeur nommé Bonchamp, un des maîtres de Jacques Amyot. Trop bon helléniste, selon la remarque d'un ingénieux critique, pour garder un nom aussi gaulois, Bonchamp avait traduit ce nom en grec, et était devenu Evagrius : « la classe

---

1. Félibien, l. l., t. IV, p. 716. Cf. Goujet, *Mémoire historique et littéraire du collége royal de France*, t. I, p. 131.

2. Crevier, *Histoire de l'Université de Paris*, t. V, p. 234.

duquel, ajoute un vieil auteur, s'appelait l'eschole des Grecs, à causequ'ilne s'y lisoit que du grec, contre le quodlibet, lors vulgaire : *Græcum est; non legitur*[1]. »

Quelques années après, le collége du cardinal Lemoine eut pour principal un Espagnol, Jean Gelida, originaire de Valence, qui dans sa jeunesse ne suivait qu'Aristote et la pure scholastique, mais qui plus tard, attiré par les chefs-d'œuvre de l'antiquité classique, en admira les beautés et essaya d'en répandre le culte autour de lui. Bien qu'il ait passé peu de temps à Paris, et que sur les instances d'André Govea et du cardinal Du Bellay, il ait quitté cette ville en 1547 pour aller à Bordeaux prendre la direction du collége de Guyenne, on ne saurait nier que son trop court enseignement n'ait exercé une salutaire influence sur la marche des études[2].

En 1550, le collége du cardinal Lemoine prit part à une controverse qui venait de s'élever au sein de l'école de Paris : Lequel vaut mieux pour l'étude des langues anciennes, de confier l'enseignement du grec et du latin au même professeur, ou d'avoir pour chaque langue un professeur spécial ? Au collége de Presles, le second système avait prévalu ; mais il était vivement critiqué ailleurs et surtout au collége du cardinal Lemoine. Les arguments en sens contraire s'échangeaient d'un collége à l'autre dans des harangues latinesque les professeurs de chaque parti mettaient dans la bouche de leurs élèves. Nous possédons quatre discours de ce genre[3]; deux sont censés avoir été prononcés par deux rhétoriciens du collége du cardinal Lemoine, dont l'un était le futur président du Parlement de Paris sous Henri IV, Achille du Harlay. Ces discours, empreints d'une élégance un peu recherchée, témoignent du changement profond, disons mieux, du progrès

---

[1]. Nous avons trouvé la première mention de ce fait curieux dans l'*Essai sur Amyot et les traducteurs français au XVIe siècle*, par M. Auguste de Blignières, ouvrage excellent d'un écrivain enlevé prématurément aux lettres qu'il cultivait avec une rare délicatesse de goût alliée à un savoir très-solide.

[2]. Jean Gelida a laissé des lettres et quelques vers grecs et latins publiés sous ce titre : *Ioannis Gelidæ, Valentini, Burdigalensis ludi magistri, epistolæ aliquot et carmina*. Rochellæ apud Bartholomæum Bertonem 1571, in-4°.

[3]. *De Nova Prellæorum institutione orationes quatuor utrinque partim apud Cardinalitios, partim apud Prellæos habitæ V idus novembris 1550.* Parisiis, 1550, in-4°.

qui s'était accompli depuis un siècle, au sein des écoles publiques, dans la manière de comprendre et d'écrire la langue de Cicéron.

Continuons à recueillir les faits saillants qui se rapportent à notre sujet. En 1570, le docte Lambin, professeur royal de langue grecque, avait choisi le collége du cardinal Lemoine pour y expliquer devant quelques élèves d'élite, en dehors de ses leçons ordinaires, les harangues de Cicéron[1].

C'est à ce même collége que Jean Passerat, un des auteurs de la *Satyre Ménippée*, enseigna quelque temps les humanités[2].

Là également professa Théodore Marsile qui fut au siècle suivant le successeur de Passerat dans la chaire royale de langue latine[3].

A considérer ces noms qui ne sont pas inconnus dans l'histoire des lettres, nous sommes autorisés à dire qu'au xvie siècle, l'enseignement du collége du cardinal Lemoine ne manquait ni d'éclat ni de nouveauté.

Sur quelques autres maîtres et sur les auteurs expliqués dans les classes, les mémoires d'André d'Ormesson nous offrent de précieuses indications que nous ne saurions négliger.

André d'Ormesson fut le père d'Olivier d'Ormesson, qui devint maître des requêtes au Parlement de Paris, et qui a laissé un journal intéressant, dont la publication est due à notre savant collègue et ami, M. Chéruel :

« En l'année quatre-vingt-six, dit-il[4], je fus mis au collége du cardinal Lemoine, soubs M. Le Dieu, Picart de nation, mon maistre de chambre, avec sept de mes cousins qui y demeuroient desja, sçavoir Messieurs Claude et Jean Leclerc, Olivier Chaillou et Jean Chaillou, François, Olivier et Charles d'Alesso.

« Allant en classe soubs M. Jard en la septième, sixième et cinquième, il nous fit apprendre une quantité d'épistres de Cicéron, entre autres celle que Cicéron adresse à Lucilius pour estre insérée dans son his-

---

1. Goujet, L. l., t. I, p. 465 et 472.

2. *Ibid.*, t. II, p. 363.

3. *Ibid.*, t. II, p. 379.

4. André d'Ormesson est revenu deux fois dans ses mémoires sur ce qui concerne son éducation. Ces deux passages ont été reproduits par M. Chéruel, l'un dans son écrit *De l'Administration de Louis XIV*, Paris, 1850, in-8°, p. 203 et suiv. ; l'autre dans l'Introduction au *Journal d'Olivier d'Ormesson*, Paris, 1860, in-4°, t. I, p. xxx et s. C'est le premier passage que nous transcrivons ici.

toire, laquelle commence : « Coram me tecum, etc. », et ce, les matinées. Les après dînées, il nous leu les Eglogues de Virgile, les Comédies de Térence intitulées : « l'Eunuque ou Chœrea prend l'habit de Dorus, eunuque, pour jouir d'une belle fille donnée à Thaïs », celle de Phormio qui représente ung vray flateur ou homme de Cour, qui entend le moien de s'enrichir en se rendant agréable aux grands et à ceux qui ont le commandement des Estatz. Il nous leu encore l'épistre d'Oenone, nimphe des bois, à Paris, fils de Priam, qui l'avoit abandonnée pour ravir et jouir de la belle Hélène, femme du roy Menelaus; et encore l'épistre de *Medea Jasoni*, en laquelle Médée se plaint à Jason de ce qu'ayant perdu son frère et ses parens pour luy faire conquérir la toison d'or, il l'avoit abandonnée, pour espouser Creusa, fille de Créon, roy de Corinthe, et tuer le Minotore.

« En la quatrieme classe, soubs M. Seguin, qui a esté depuis médecin de la Reine Anne d'Autriche, l'oraison *Pro rege Dejotaro*, de Cicéron; la première satire d'Horace contre les avaricieux, qui commence : *Qui fit Mæcenas;* quelques odes d'Horace, avec l'épode à la louange de la vie rustique et champestre qui commence : *Beatus ille qui procul negotiis;* la satire de Juvénal contre la noblesse faisneante, qui commence : *Stemmata quid faciunt;* la cinquième tusculane de Cicéron pour prouver : *Virtutem ad bene vivendum se ipsa esse contentam;* le commencement du premier livre de la métamorphose d'Ovide qui commence : *In nova fert animus;* le poème *In ibim*, contre un envieux qui le persécutoit pendant son exil, où il lui souhaite tous les malheurs qui sont jamais arrivez les plus cruels, racontez dans les poètes et les fables de l'antiquité. »

Lors du siége de Paris, ouvert au mois de mai 1590, André d'Ormesson fut retiré du collége du Cardinal, et alla demeurer dans la maison de son père : « Notre maistre, M. Le Dieu, dit-il, n'ayant pas le moyen de nous nourir, mon frère de Leseau et moy, à cause de la nécessité du pain et des vivres et de la grande famine qui fit mourir une infinité de monde de faim. » Et en effet, il nous apprend ailleurs qu'on ne mangeait au collége du cardinal Lemoine que du pain de son et de la viande de cheval. Ces tristes jours de disette et d'anxiété, les habitants de Paris, enivrés des splendeurs de leur ville, ne s'attendaient pas à les revoir jamais; et cependant ils les ont revus aussi cruels et plus longs qu'au temps de la Ligue!

Au mois d'octobre suivant, deux mois après la levée du siége, André d'Ormesson quitta de nouveau la maison paternelle, et fut envoyé avec son frère au collége de Navarre pour y faire sa rhétorique. Quel était l'enseignement du collége de Navarre?

Il va nous l'apprendre. Il se trouvait « soubs la charge de Monsieur Raquis, fort habile homme, dit-il, et fort homme de bien, qui prit ung grand soing de mon instruction... »

Ce monsieur Raquis, continue-t-il, nous leu le matin l'oraison *In Vatinium*, et par après, l'oraison pour *Lege Manilia*, en faveur de Pompée, pour le faire eslire général de l'armée romaine contre le roy Mithridates. L'après dînée, il nous leu la dixième satire de Juvénal qui commence : *Omnibus in terris*, où il monstre qu'il ne faut ny souhaicter les richesses, ny les grandes dignités, ny la grande éloquence, ny la beauté, ny la vieillesse, mais seulement ce qu'il plaist à Dieu, *et mentem sanam in corpore sano*. Par après, il nous leu le premier livre des epistres d'Horace tout entier, où est contenue toute la sagesse de la philosophie morale des anciens philosophes, et les appris toutes par cœur et les ay retenues toute ma vie. Et encore quelques odes d'Horace les plus sentencieuses; et encore *Quod vitæ sectabor iter?* du poëte Ausone. L'année quatre ving unze, commençant en octobre, Monsieur Gaultier, qui a esté depuis docteur en théologie et curé de Saint-Denis de la Châtre, fit la première et dernière première pour la seconde année. Il nous leu le matin l'oraison *Pro Marco Marcello*, où Cicéron parle pour Marcellus, son amy, qui avoit suivi comme luy le parti de Pompée, où il flatta et gagna tellement l'esprit de César qu'il pardonna à Marcellus contre sa première intention. Il nous leu l'après dînée, l'unzieme livre de l'Énéide, qui convenoit fort bien au temps de la Ligue, où la couronne de France estoit contestée entre plusieurs grands princes compétiteurs, comme estoit la couronne du roy Latinus entre Turnus et Enée... Par après, il nous leu le songe de Scipion, où Cicéron exhorte Scipion, par la bouche de son grand-père, de mespriser la terre et la gloire des hommes et d'aspirer au ciel où la demeure est toute divine et miraculeuse...

Nos lecteurs, nous en avons la confiance, ne regretteront pas que nous ayons placé sous leurs yeux ce passage si curieux et si précis qui nous fait en quelque sorte toucher du doigt le système d'études suivi au xvie siècle. Que d'observations pourraient suggérer et la variété des ouvrages qu'on expliquait alors dans les classes, et le caractère licencieux de quelques-uns des textes que le professeur n'hésitait pas à placer sous les yeux de ses élèves et devant lesquels aujourd'hui reculerait avec raison notre respect pour l'enfance; enfin ce culte exclusif de la langue latine, cette complète absence de toute explication grecque après une période où le grec avait été cultivé avec une sorte de passion ! Mais en insistant, nous sortirions de notre sujet. Bornons-nous à tirer du témoignage d'André d'Ormesson deux conséquences qui paraissent en ressortir et qui nous touchent directement : la première, c'est que dans les divers colléges de l'Université de Paris, le plan des études était le même, et que l'écolier qui avait commencé son éducation dans l'un pouvait la continuer dans l'autre ; la seconde, c'est que l'enseignement du collége du cardinal Lemoine valait alors celui du collége de Navarre, et que ces deux maisons, qui dataient du même temps, étaient au même niveau, jetaient le même éclat, et se partageaient la confiance des meilleures familles du royaume.

Telle était donc avant le siége de Paris la situation du collége du cardinal Lemoine. Cependant, quelle que fût sa prospérité, il renfermait en lui-même un germe de décadence : la concorde n'y régnait pas : depuis longtemps le grand maître et les boursiers étaient presque toujours en querelle et en procès.

Par son arrêt du 15 janvier 1544 pour l'interprétation et la réforme des statuts du collége, le Parlement avait décidé que le grand maître étant choisi « pour exercer œuvre pitoyable et non pour grever ledit collége », ne devait pas y être logé ni recevoir aucun émolument ; il avait seulement concédé au grand maître alors en fonctions, M⁰ Léon Aubert, à raison de ses bons services, la jouissance de quatre chambres, mais pendant cinq années seulement. Il est vraisemblable que M⁰ Aubert trouva le moyen de les conserver même au-delà du terme fixé ; mais lorsqu'il eut remis sa charge en 1558 à maître Nicolas Beguin, celui-ci prétendit aux mêmes avantages que ses prédécesseurs et ne les obtint qu'après un procès contre les boursiers. A Nicolas Beguin succéda M⁰ Pierre de Hodic : nouveau procès qui donne lieu à plusieurs arrêts en faveur du grand maître, sous la date des 18 janvier, 9 février et 20 décembre 1565, 14 janvier 1567. Pierre de Hodic, appelé à la cure de Saint-Jean-en-Grève, résigne la maîtrise entre les mains de M⁰ Etienne Laffilé, docteur en théologie, déjà curé de la maison du cardinal Lemoine : les boursiers entrent aussitôt en lutte avec lui, et s'adressent aux supérieur et réformateurs du collége, l'évêque, le doyen et le chancelier de l'église de Paris, qui repoussent leur réclamation par décision du 28 mai 1578. Quelques années se passent durant lesquelles ces misérables querelles de famille sont interrompues par l'effervescence des passions religieuses et par la guerre civile. En 1595, à la mort de Laffilé, son parent M⁰ Guillaume Chenard lui succède ; il reste en fonctions deux ans, n'ayant avec lui au collége que quatre boursiers, et retenu constamment au lit par une attaque de paralysie[1]. Il meurt en 1597, et le 17 septembre de la même année il est remplacé par M⁰ Edmond Richer.

Nous n'avons pas à retracer ici, et nul d'ailleurs n'ignore le rôle que Richer a joué dans les querelles théologiques de son temps. A d'éminentes qualités ce savant homme joignait une humeur batailleuse qui le faisait se complaire dans la lutte. En qualité de grand maître du Cardinal Lemoine, il ne faillit pas à sa vocation; il eut procès sur procès avec les boursiers pour des questions de prérogatives; et non-seulement avec les boursiers, mais avec l'Université elle-même. La Faculté des arts avait élu pour recteur un boursier du collége du Cardinal, M⁰ Nicolas Paris, bachelier en théologie, nonobstant l'article des statuts dressés par Jean Lemoine, qui défendait à ses boursiers d'accepter les fonctions rectorales. Richer, armé de cette disposition, notifia au recteur la saisie de sa bourse, et refusa de lui en payer désormais les arrérages. L'affaire fut portée devant le Conseil privé qui donna provisoirement gain de cause à M⁰ Paris, et renvoya les parties devant le Parlement, pour être statué au fond par un arrêt définitif qui ne fut jamais ni sollicité, ni rendu[2].

Ces dissensions sans cesse renaissantes ne contribuaient certainement pas au bien des études. Cependant jamais la concorde n'avait été plus nécessaire pour atténuer le préjudice causé à la maison du Cardinal par les discordes civiles. Un contemporain a tracé le plus triste tableau de la situation misérable des écoles de l'Université, lors de l'entrée de Henri IV à Paris. « Des soldats espagnols, belges et napolitains, mêlés aux paysans des campagnes voisines, avaient rempli, dit-il, les asiles des muses d'un attirail de guerre, au milieu duquel erraient les troupeaux. Où retentissait autrefois la parole élégante des maîtres de la jeunesse, on n'entendait plus que la voix discordante de soldats étrangers, les bêlement des brebis, les mugissements des bœufs. » Loin d'échapper au malheur commun, le collége du Cardinal fut un

1. Les faits, noms et dates qui précèdent, sont empruntés au recueil de Richer, *Statuta collegii Cardinalitii*, etc. Nous les avons déjà reproduits dans notre *Index chronologicus*, etc., p. 376.

2. Sur cette affaire, voyez notre *Histoire de l'Université de Paris au XVII* et au XVIII* siècle, p. 48 et 49, et *Pièces justificatives*, p. 30.

des plus éprouvés. Un détachement de la garnison s'installa dans les bâtiments et y causa tous les dégâts que peut faire une soldatesque effrénée. Lorque Richer vint en prendre possession, il trouva partout l'image de la dévastation[1].

Avec Henri IV et Louis XIII de meilleurs jours avaient commencé pour l'Université et ses colléges, comme pour la société française tout entière. Le collége du cardinal Lemoine eut sa part de cette renaissance qui préparait aux lettres françaises leur plus brillante époque. L'ordre et les études s'y rétablirent peu à peu, et le recteur Mᵉ Lebourg[2], assisté de son conseil, étant venu le visiter le 22 novembre 1642, la tenue de la maison fut l'objet de l'approbation générale.

Mᵉ Philippe Pourcel était alors depuis plusieurs années grand maître du collége du Cardinal, et cumulait avec cette fonction celle de principal. En quoi consistait la charge de principal, que ne mentionnent pas les statuts primitifs de la maison, mais à laquelle il est fait allusion dans plusieurs articles de l'arrêt du 15 janvier 1544[3]? Nous l'avons déjà suffisamment fait entendre : le principal était celui qui dirigeait sous sa responsabilité la pédagogie annexée au collége, qui choisissait les régents, qui les payait, qui veillait à l'exercice, en d'autres termes à la bonne tenue des classes, et qui percevait à son profit les rétributions acquittées par les pensionnaires. Quelquefois le collége attribuait sur ses propres fonds une indemnité annuelle au principal. La charge pouvait donc être lucrative, et nous comprenons qu'elle ait été recherchée. Pourcel, déjà grand maître, émit la prétention non-seulement de la garder pour lui, mais de l'unir pour toujours à la grande maîtrise. Les boursiers ne s'y prêtèrent pas, et il en résulta un procès devant le Parlement de Paris.—Par une heureuse exception, toute cette querelle finit au mois de janvier 1647 par une transaction que nous avons retrouvée dans les archives de l'Université, aujourd'hui déposées à la bibliothéque de la Sorbonne[4]. Malgré la longueur de l'acte, peut-être ne sera-t-il pas sans intérêt de le transcrire; car il jette un jour utile sur le régime intérieur du

---

1. *Hist. de l'Univ. de Paris au XVIIᵉ siècle*, p. 2.
2. *Ibid.*, p. 144.
3. Voyez notamment les articles 7 et 18. Félibien, l. l., t. IV, p. 717 et 719.
4. Carton XVII, nᵒ 8.

collége et sur les conditions auxquelles les pédagogies s'établissaient vers le milieu du xvii⁰ siècle.

« Furent présens vénérable et discrette personne Mᵉ Philippe Pourcelle, grand maître et principal du collége du cardinal Lemoine, fondé en l'Université de Paris d'une part, et MM. les prieur séculier, procureur et bourciers dudit collége, sçavoir: Mᵉ Henry Dameval, prieur et bachelier en théologie, J. Bersin, P. Barbier, Valleran de Neufville, Huchon, André Duval, P. Lallemant, procureur dudit collége, Frison, J. de la Morlière, tous bacheliers en théologie, Vacquer, Nicolas Hardy, Nicolas Lefebvre, Estienne Bousseau, Simon Croisel, Sanson Hermu, Robert Aubry et Guillaume Delestre, tous bourciers dudit collége, représentant la plus grande partie dudit collége, assemblez en la chapelle, lieu accoustumé pour traitter de leurs affaires, au son de la cloche, en la manière accoustumée: lesquels, suivant la conclusion prise et arrestée en l'assemblée desdits sieurs grand-maître, prieur séculier, procureur et bourciers le dixiesme du présent mois et an pour terminer et assoupir le procès qui estoit pendant par devant nos seigneurs de la Cour de Parlement entre lesdits sʳˢ grand-maître, prieur séculier, procureur et bourciers pour raison de la principalité dudit collége; en considération des services que lᵉdit sieur grand maître, a assiduellement rendu et rend journellement audit collége depuis quinze à seize ans, tant en ladite qualité de grand-maître que de principal, iceux sʳˢ prieur séculier, procureur et bourciers dudit collége ont par ces présentes consenty et consentent, mesme promettent, tant pour eux que pour leurs successeurs, garantir de tous empeschements quelconques audit sʳ Pourcel, grand-maître, sa vie durant, iceluy grand-maître ce acceptant, la principauté et pédagogie dudit collége, aux droits, prérogatives et préséances accoustumées, pour en icelluy collége, faire par iceluy sʳ grand maitre continuer les bonnes résidences actuelles, en telle sorte qu'il ne soit absent six mois dudit collége; instruire les enfants en l'amour et crainte de Dieu, en la foy et religion catholique apostolique et romaine, en bonnes mœurs et langues grecque, latine et sciences de l'étude humaine et ès-arts libéraux; contraindre les enfans de parler latin et à porter l'habit scolastique, selon la forme ancienne et accoustumée en ladite Université de Paris; et à la descharge de la conscience desdits sʳˢ grand-maître, prieur séculier et bourciers dudit collége, d'avantage d'enseigner le catéchisme aux enfants dudit collége : pour de ladite principauté jouir par ledit sʳ Pourcel, grand-maître, sa vie durant. Ce présent consentement et bail à vie, fait aux charges ci-dessus déclarées, ensemble à celles qui ensuivent, à sçavoir: de par lesdits sieurs du collége, leur procureur ou receveur, donner et payer audit sieur Pourcel, sa vie durant, par chascune année, la somme de

cinq cens quarante livres pour bien et duement entretenir ledit exercice par ledit sr Pourcel, grand maître, qui ne pourra rien demander
ny exiger desdits srs bailleurs, de leurs successeurs, ni des enfans escoliers qu'ils auroient dans leurs chambres, soit pour le droit de cameri-
sage et autres choses, sinon ce qui pourroit appartenir respectivement
audit sr principal et à ses régents, pour les droits de déterminances,
licences, maîtrises ès arts, bancs, et toutes récompenses et honoraires
que l'on doibt aux régens de classe pour leur peines et sallaires.
Néantmoins seront tenus lesdits sieurs principal et régens recevoir
en leurs classes les enfants escolliers desdits srs bailleurs pour estre
instruits et disciplinez, ainsi que les autres escoliers et enfans estant
en la pension dudit sr principal, comme aussi lesdits srs bailleurs ont
deslaissé et deslaissent, et promettent faire jouir comme dessus ledit sr Pourcel, sa vie durant, des lieux cy après déclarés, estant des
appartenances dudit collége, sçavoir est, des deux corps d'hostel,
ainsy qu'ils se comportent, sis sur la rue Saint-Victor, au-dessus de
la porte dudit collége, tenant d'une part au collége des Bons-Enfans,
d'autre à une maison appartenant à MM. de Saint-Victor, avec toutes
les appartenances et dépendances, sans en rien réserver; item, un
autre corps d'hostel contigu et attenant les dessus dits, aussy avecq
les appartenances, sans aucune réserve faire par lesdits srs bailleurs
desdits lieux; item deux chambres, où est à présent demeurant [1]..... au
corps de logis dudit sr grand maître; item, la grande salle du corps
d'hostel de la cloche, où l'on fait à présent la logique; et y faire les
actes et exercices ordinaires dudit collége; item deslaisser audit sr
Pourcel, grand maître, toutes les classes, qui sont du costé des Bernardins, excepté les deux bûchers qui sont au bout desdites classes,
du coté de ladite salle, avec la grande cour d'icelluy collége pour
récréer les enfans et escolliers, sans insolence ni rupture des vitres,
soit de la chapelle ou autres logis dudit collége; et pour cette cause,
ne leur permettre ledit sr Pourcel jouer auxdites classes et court avec
raquette, et empescher lesdits enfans de jetter des pierres par la court
et sur les toits et couvertures desdits logis, ou du collége ou dortoir
des Bernardins, suivant la coustume de tout temps observée audit
collége: tous lesquels lieux et places sont en bon estat, comme il
appartient; dont ledit sr Pourcel s'est contenté; auquel estat il sera
tenu les entretenir pour le regard des menues réparations; et où il se
trouveroit que par sa faute et négligence, ou de ses régens, pédagogues
et enfans, lesdites menues réparations seroient tournées en grosses,
en ce cas ledit sr Pourcel sera tenu desdites grosses réparations, et
entretenir le tout en bon estat, pour estre iceux conservez, fors
l'usure ordinaire: en tous lesquels lieux, ledit sr Pourcel ne pourra

---

1. Il y a ici dans le manuscrit un espace en blanc.

aucunement desmolir les grosses murailles et cloisons, ny mesme y faire aucune ouverture ou rupture pour faire estude, cloison ny portes et autres choses sans l'exprès vouloir et consentement desdits s⁰ bailleurs; lesquels ledit s⁰ Pourcel promet tenir et faire tenir net pour obvier aux inconveniens qui en pourroient arriver, sans qu'il permette de jetter par les fenestres des chambres en ladite cour, aucunes eaux, ordures et immondices, ains contraindre tous les serviteurs dudit collége de porter lesdites eaux et ordures aux lieux qui seront advisez entre lesdites partyes.... Item, sera tenu ledit s⁰ Pourcel entretenir bien et deuement à ses depens les régens qu'il conviendra avoir pour l'exercice dudit collége, et pour ce faire, fournir et pourveoir de régens capables aux classes de dialectique, phisique et grammaire, estans de bonne doctrine, de bonnes mœurs et de la religion catholique, apostolique et romaine; lesquels il obligera d'assister au service divin qui se dit et célèbre en la chapelle dudit collége, principallement les festes et dimanches, et en leur sepmaine faire devoir de bon catholique es festes solemnelles et bons jours de l'année, comme aussy de porter habits honnestes, décents, pour servir de bon exemple à la jeunesse, et en outre de se rendre assidus en leur debvoir, entrer en classe et en sortir au dernier son de la cloche.

Item, sera tenu le s⁰ Pourcel entretenir et gaiger un portier pour ouvrir et fermer la porte du collége à heure deue, à icelle porte demeurer continuellement, la bien et soigneusement garder, sans employer ledit portier à autre service que garder ladite porte; lequel portier ne laissera sortir les enfans et escoliers, ny mesme les meubles desdits bailleurs et autres maitres demeurans audit collége, sans un congé exprès. Semblablement sera tenu ledit s⁰ Pourcel assister ordinairement ou faire assister pour le moins un de ses régens au service divin pour les enfans, lequel service lesdits bailleurs feront dire et célébrer en ladite chapelle dudit collége aux heures accoustumées, sans empescher les leçons, mesme au salut qui se dit et commence par le clerc ou l'un des boursiers un peu devant souper. D'avantage est accordé que ledit s⁰ Pourcel sera tenu faire classe en grammaire, et le cours en philosophie, comme aussy lesdits s⁰ bailleurs présenteront audit s⁰ Pourcel, par chascun an, sa vie durant, deux boursiers seulement pour régents 4 mois avant la Saint-Remy pour le moins; et à faute de ce faire, ledit s⁰ principal se pourvoire d'autres tels que bon lui semblera, sans que lesdits s⁰ puissent prétendre à la régence pour cette année-là. Ne sera tenu ledit s⁰ Pourcel de donner gages, nourriture et pensions, ni mesme loger lesdits boursiers pour leur droit de régence, lesquels seront tenus de se contenter des chambres qu'ils auront comme boursiers. Pareillement ne sera tenu le s⁰ Pourcel de leur donner autre chose que ce qu'il voudra et bon luy semblera. Et outre, sera tenu yceluy s⁰ Pourcel de faire bien et deue-

ment enseigner le cours de philosophie deux ans entiers; notamment
ès quatre premières classes dudit collége, aux heures que ledit s^r
Pourcel et lesdits s^{rs} du collége adviseront ensemble pour le bien et
utilité de la jeunesse, à la capacité de laquelle ledit s^r Pourcel obligera ses régens de s'accommoder totalement et leur enseigner le plus
familièrement qu'il leur sera possible.

Ne pourront réciproquement lesdites partyes loger ou retirer audit
collége gens vagabonds et mal vivans, mains gens de bien et catho-
liques, sujets à la discipline, suivant qu'il est porté par les réglements
et arrests dudit collége. Défendra et empeschera les enfans ledit s^r
Pourcel de s'aller promener et rien gaster audit collége. Plus, on
accorde que ledit s^r Pourcel et lesdits s^{rs} du collége ne pourront sous-
tenir les enfans et escoliers l'un de l'autre. Aussy ne sera tenu le s^r
Pourcel d'aller ou envoyer aux portes ny sentinelles, ny contribuer
aux emprunts, si aucuns se font sur ledit collége, ni mesme des
boues, chandelles, lanternes, fortifications de cette ville de Paris ou
autres charges et subsides qui pourroient estre mises ou imposées
soit de la part du roy et de la ville : ains le tout sera acquitté par lesdits s^{rs} du collége. Et sera tenu ledit s^r Pourcel faire ouvrir la porte
au jardinier dudit collége, à six heures du matin en hiver et à quatre
heures en esté. Ne pourra le s^r Pourcel se demettre de sa charge de
principal sans le consentement exprès desdits s^{rs} du collége, et céder
ladite principauté à qui que ce soit. Lequel Pourcel jouira, outre les
lieux cy dessus spécifiés, de tous les autres lieux et jardins qu'il occupe
à présent comme grand-maître du collége; et au moyen dudit présent
bail à vie, ledit s^r Pourcel, grand maistre, s'est désisté et désiste par
ces présentes des lettres et requestes par luy obtenues pour l'union
de la principauté avec le grand maître du collége, qu'il consent estre
et demeurer nulles, ainsy promettant, s'obligeant et chascun en droit
soy renonçant. Fait et passé audit collége, l'an 1647, le 15 janvier,
après midy. Ont signé ainsi : Pourcel, Dameval, Barbier, Lallemant,
Bersin, de Neufville, Vacquer, Loisel, de la Morlière, Frison, Hardy,
Lefebvre, Boisseau, A. Duval, Aubry de Lestocq, Huchon.

Signé LEONY et LEROY, notaires. »

Le document que nous venons de transcrire fait connaître qu'à
la date de 1647, toutes les classes qui comprennent aujourd'hui
les études secondaires étaient en pleine activité au collége du cardinal. La physique et la philosophie y étaient enseignées comme
la grammaire; on y avait même repris l'enseignement du grec,
interrompu au temps d'André d'Ormesson. Ce résultat était dû
sans doute au zèle actif et persévérant de Mr Pourcel; les boursiers eux-mêmes rendent hommage à son administration, et le

motif qu'ils font valoir pour lui continuer les fonctions de principal, ce sont les services qu'il a rendus seize années durant à la
maison. On pouvait croire la paix cimentée pour longtemps :
mais l'événement trompa cette espérance. Deux ans et quelques
mois s'étaient écoulés depuis la transaction de 1647, et de nouvelles dissensions éclataient entre les boursiers qui prétendirent conserver indéfiniment leurs bourses, et le grand maître qui prétendait les en priver, aux termes des règlements du collège, quand
après neuf ans révolus le terme de leur jouissance était arrivé. Il
faut nous donner le spectacle des incroyables désordres auxquels
ce conflit donna lieu. Nous n'avons, il est vrai, que le témoignage
du principal [1]; mais il est trop précis pour n'être pas digne de
foi.

Donc, le 7 août 1649, un boursier, P. Barbier, un ancien
boursier, Daméval, récemment expulsé de la maison, réunissent
leurs adhérents, ameutent les écoliers, se font assister d'une troupe
de valets, et au milieu de la nuit sonnent la cloche, poussent des
cris et commencent par donner un charivari au grand maître avec
des poêles, des chaudrons et tous les ustensiles de cuisine qu'ils
ont pu saisir. Puis, ils s'emparent de beaucoup de meubles déposés
dans un bûcher, et ils les brûlent au milieu de la cour, tirent des
coups de pistolet sous les fenêtres du grand maître, frappent à
coups redoublés de bûches et de hache les portes de son appartement, et comme elles ne cèdent pas, ils essaient d'y mettre le feu.
Ces scènes de violence durent de neuf heures du soir à trois
heures du matin. Quinze jours après, nouveau tumulte. Le
samedi 21 août, raconte M* Pourcet, une vingtaine de vagabonds
et traîneurs d'épées pénètrent dans le collège où ils sont furtive-
ment introduits par Barbier et reçus par Boisseau, l'un des boursiers; et pendant qu'une partie se tient dans la cour, et l'autre
dans le jardin, de manière à garder toutes les issues, quatre d'entre
eux, munis d'armes et d'épées, entrent dans la maison du grand
maître, tirent des coups de pistolet qui mettent en fuite les
domestiques, s'élancent dans la chambre à coucher et cherchent
M* Pourcel de tous côtés, même sous le lit, annonçant l'intention
de se défaire de sa personne.

---

1. Voyez le mémoire de M* Pourcel intitulé : *Raisons du procédé et de la
conduite du grand maître, administrateur au Cardinal Le Moyne, à l'égard
des boursiers du mesme collège. Avec un discours pour les prérogatives de
la charge de grand maistre.*

M⁰ Pourcel porta plainte au Parlement; et en effet les violences dont il avait failli être la victime étaient des crimes qualifiés contre lesquels la puissance des lettres, comme il le fait remarquer dans sa requête, est trop faible et qu'il n'appartient qu'aux magistrats de réprimer et de punir.

Il faut reconnaître que l'état général du pays, la situation de Paris en particulier, n'étaient pas favorables au maintien de la discipline et du bon ordre, même dans les colléges. Nous sommes en 1649, c'est-à-dire en pleine Fronde; les factions se disputent le gouvernement; l'autorité publique est sans force; le Parlement en rébellion; la loi facilement méconnue. Qui s'étonnerait que les écoliers eux-mêmes se montrent tumultueux et indociles? Il ne paraît pas que les scandales qui avaient troublé la maison du cardinal Lemoine s'y soient renouvelés; mais, au préjudice moral que l'indiscipline des boursiers avait causé à ce collége, s'ajouta le tort matériel que lui portèrent les inévitables incidents de la guerre civile. Comme il était situé à la porte Saint-Victor, tout proche des remparts, il était plus exposé qu'un autre au danger d'un assaut, surtout aux excès de la soldatesque, et il ne réussit pas à se préserver de ce dernier genre de péril. J'ai cité ailleurs, d'après M. Leroux de Lincy [1], le texte d'une requête qui fut présentée en juin 1652 au bureau de la Ville par le grand maître et les boursiers : il en résulte que « quelques particuliers, ennemis des études, » obligeaient le grand maître de tenir le collége ouvert tant le jour que la nuit; qu'ils passaient à travers, tambour battant, soit pour monter la garde, soit pour faire l'exercice dans la cour; qu'ils tiraient au blanc contre les murs, cassaient les vitres, enlevaient les bancs des classes; qu'ils avaient coupé plusieurs arbres, et par deux fois brisé et brûlé les portes.

Ces déplorables conséquences de la guerre civile disparurent avec elle. Dans la suite du règne de Louis XIV, les colléges où s'élevait la jeunesse retrouvèrent, comme l'Etat lui-même, sous un pouvoir respecté, les conditions de l'ordre et de la paix. Toutefois les beaux jours de l'Université de Paris étaient passés : ils ne revinrent pas, si ce n'est pour quelques années, au temps de Rollin. Tandis qu'autour d'elle les lettres, les sciences, les arts prenaient un magnifique essor, elle s'effaça, elle s'endormit en quelque sorte

---

1. *Hist. de l'Université*, etc., p. 185. Cf. *Registres de l'hôtel-de-Ville*, etc., publiés par MM. Leroux de Lincy et Douët d'Arcq, t. II, p. 377 et s.

et ne déploya d'activité que pour la défense de ses antiques priviléges, dans des querelles mesquines, tantôt avec les Jésuites, tantôt
entre ses membres.

L'histoire n'a pu se dispenser d'enregistrer les questions de
prééminence qui s'élevèrent, et les interminables débats qui en
furent la suite, entre les quatre Nations de la Faculté des arts et
les Facultés de théologie, de droit et de médecine, qu'on appelait
les facultés supérieures. Un régent de rhétorique du collége du
cardinal Lemoine, Pierre Lallemand, était recteur depuis quelque
temps, lorsque au mois de juillet 1653 les doyens de ces Facultés
refusèrent de se rendre à la procession qu'il avait indiquée à la
paroisse de Saint-Barthélemy, et firent célébrer en leur propre
nom l'office divin dans l'église de la Sorbonne. Pierre Lallemand
protesta contre l'outrage fait à sa dignité et le dénonça au Parlement dans une requête appuyée de textes nombreux sur l'obéissance
due au chef de l'Université par tous ses membres [1].

Cinq ans après le conflit durait encore, aussi vif, aussi animé
que jamais; et ce fut de nouveau un régent du collége du cardinal
Lemoine, M. Cauvet, qui eut à soutenir en qualité de recteur les
droits de sa charge et les prétentions de la Faculté des arts contre
les doyens des autres Facultés [2].

Si la maison du Cardinal donnait aussi souvent des recteurs à
l'Université, il est permis de penser que les maîtres qu'elle s'était
attachés jouissaient d'une haute considération dans l'école.
M. Cauvet, nous devons l'avouer, a laissé un nom très-obscur;
mais on ne saurait en dire autant de Pierre Lallemand, huma-
niste excellent, orateur disert. La piété l'ayant poussé à quitter
l'habit de prêtre séculier et à prendre celui de chanoine de Sainte-
Geneviève, il devint prieur de l'abbaye, puis chancelier de l'Université, à la mort du P. Fronteau arrivée en 1660. Ses contemporains admiraient la facture éloquente des allocutions qu'il
adressait aux nouveaux maîtres ès-arts en leur remettant le bonnet
de la maîtrise. Il mourut en 1670.

Plusieurs années se passent sans que la Faculté des arts appelle
à la dignité de recteur aucun régent de la maison du cardinal
Lemoine. Mais enfin, le 16 décembre 1690, le choix se porte sur
le régent de philosophie du collége, M. Regnault Gentilhomme,

---

1. *Histoire de l'Université*, etc., p. 189 et s.
2. *Ibid.*, p. 203 et s.

qui, pour le dire en passant, avait eu à soutenir plus d'un litige avant de s'être assuré la paisible possession de cette chaire. Regnault Gentilhomme se trouva mêlé, durant son rectorat, à une affaire très-grave. Malgré son caractère hautement spiritualiste, malgré les adhésions les plus éclatantes qu'elle avait eues de la part des juges les moins suspects, la philosophie de Descartes rencontrait alors la plus vive opposition dans les rangs du clergé et surtout dans le gouvernement. L'archevêque de Paris, M. de Harlay, invita, au nom du roi, M⁰ Gentilhomme à faire souscrire par ses collègues, les professeurs de philosophie des différents colléges de l'Université, une déclaration par laquelle ils prenaient l'engagement de ne pas enseigner un certain nombre de propositions incriminées; par exemple, qu'il faut se défaire de toutes sortes de préjugés et douter de tout, avant que de s'assurer d'aucune connaissance; qu'il faut douter s'il y a un Dieu, jusqu'à ce qu'on en ait une connaissance claire et certaine par un long et sérieux examen; que nous ignorons si Dieu ne nous a pas voulu créer de telle sorte, que nous serions toujours trompés dans les choses qui paraissent le plus claires : qu'en philosophie, il ne faut pas se mettre en peine des conséquences fâcheuses qu'un sentiment peut avoir pour la foi, quand même il paraîtrait incompatible avec elle, etc. Il est aisé de reconnaître dans ces propositions, nous ne dirons pas l'empreinte, mais la substance même du cartésianisme. C'était bien le cartésianisme qui se trouvait proscrit. Les ouvrages et la doctrine de Descartes auraient, par la volonté de Louis XIV, disparu des écoles publiques, s'il était au pouvoir des princes les plus puissants d'arrêter, dans un pays civilisé, la marche des idées [1].

A ce moment le collége du cardinal Lemoine avait depuis quatorze ans pour grand maître Jacques Leullier, auquel succéda en 1694 son frère Claude Leullier. Un régent du collége, qui se nommait Fiot, a consacré deux pièces de vers latins à célébrer le savoir et les vertus des deux frères; il leur promet à tous deux une renommée immortelle [2]. Cependant il ne paraît pas que l'administration de Claude Leullier ait été paisible. La bibliothèque

<hr>

1. *Hist. de l'Université*, p. 269.

2. Ceux qui seraient curieux de lire ces deux pièces de vers les trouveront dans un recueil de la bibliothèque de l'Université, coté H. F. u. 65, nᵒˢ 29 et 30.

Sainte-Geneviève possède à cet égard un document assez curieux; c'est une requête adressée dans les premiers jours de mars 1699 à l'archevêque de Paris par deux professeurs, M⁰ Beguin et M⁰ Huguet[1]; il en résulte qu'une insurrection venait d'éclater au collége du cardinal Lemoine dans la classe de philosophie; que des carreaux avaient été brisés, des serrures forcées; que le principal avait dû appeler à son secours un détachement de soldats; qu'une correction plus que sévère infligée de sa propre main, sur le refus des soldats de se charger d'une pareille besogne, à l'un des écoliers les plus compromis, n'avait fait qu'exaspérer les autres; que dans la classe de physique les élèves s'étaient barricadés; que l'intervention des professeurs avait seule réussi à ramener les mutins dans le devoir, sous la condition que la troupe armée quitterait la maison.

Ce qui présentait plus de gravité que cette mutinerie, c'était la complicité secrète de quelques professeurs, leur partialité pour l'insubordination des étudiants, leur malveillance à l'égard du grand maître. Ils se plaignaient de son despotisme, de ses empiétements, de son avidité. Peut-être la passion religieuse entrait-elle pour quelque chose dans ces récriminations; car Claude Leullier avait pris parti dans les querelles religieuses; il s'était énergiquement prononcé contre le jansénisme, et lorsque parut la célèbre constitution *Unigenitus,* il fut un des premiers à la soutenir et à la défendre. Quoi qu'il en soit, la mésintelligence entre le grand maître et les régents alla toujours s'aggravant. En 1718, Claude Leullier ayant appelé à la chaire de sixième un maître ès-arts qui n'était pas boursier de la maison du Cardinal, les boursiers protestèrent, et il s'en suivit devant le Conseil d'Etat un long procès dans lequel intervinrent l'archevêque, le doyen et le chancelier de l'église de Paris, comme supérieurs majeurs de la maison; le recteur et son conseil, au nom de l'Université; M⁰ André Courteille, que Leullier avait désigné pour la chaire vacante; son compétiteur, M⁰ Enguehard, nommé par l'archevêque de Paris; la Nation de Picardie, à laquelle les boursiers appartenaient tous; la Nation de Normandie, qui prétendait les exclure du partage des

---

1. Cette requête fait partie de ce grand nombre de pièces détachées que MM. les conservateurs de la bibliothèque Sainte-Geneviève s'occupent en ce moment de cataloguer et de classer. On en trouvera le texte à l'appendice, n⁰ IV.

revenus de l'Université; enfin Claude Leullier qui avait à défendre les prérogatives de sa charge, mais qui, sans y renoncer, ne persista pas dans le choix qu'il avait fait, et sacrifia M⁰ Courteille. Après huit ans de débats, quantité de requêtes, de mémoires, d'arrêts anciens et modernes, produits en sens contraire, le Conseil d'Etat rendit sa décision le 19 janvier 1726. Il maintint au principal le droit de nommer seul aux chaires, en donnant la préférence aux boursiers du collége qui se montreraient aptes à les remplir, mais sans pouvoir être contraint dans ses choix par la communauté des boursiers. A la charge de grand maître, il unit pour toujours les fonctions de principal qui jusque-là, comme on l'a vu, n'y étaient pas légalement rattachées. Enfin il soumit le collége du cardinal Lemoine à l'inspection du recteur de l'Université et de son Conseil, inspection que le collége avait acceptée autrefois et que depuis il avait déclinée, sous prétexte qu'il avait pour supérieurs majeurs l'archevêque, le doyen et le chancelier de l'église de Paris [1].

A cet arrêt les boursiers étaient ceux qui perdaient le plus; car leurs prétentions se trouvèrent toutes écartées. Le grand maître obtint ce qu'il n'avait cessé de demander, et de son côté l'Université de Paris avait pleinement gain de cause; elle acquérait la certitude que désormais le collége du cardinal Lemoine ne pourrait se soustraire à son autorité.

Claude Leullier survécut six ans à son succès. Il mourut dans un âge très-avancé, au mois de juin 1733 [2], laissant la maîtrise du collége du Cardinal à Antoine Debacq qu'il avait depuis quelques années près de lui, en qualité de coadjuteur. Debacq, licencié en théologie de la maison de Sorbonne, ancien professeur de rhétorique au collége Mazarin, était un des maîtres les plus distingués de l'Université de Paris. Du 10 octobre 1708 au 10 octobre 1709, époque douloureuse pour la France, il avait exercé les fonctions de recteur, et durant son administration, une inspection importante avait eu lieu dans les colléges de Paris. Il figurait d'ailleurs comme Leullier dans les rangs des adversaires du jansénisme et il avait adhéré un des premiers à la bulle *Unigenitus*. Aussi lorsque Louis XIV eut arbitrairement imposé en 1714 à la Faculté des arts un chef animé des mêmes sentiments,

---

1. Nous avons reproduit cet important arrêt dans les *Pièces justificatives* qui font suite à notre *Histoire de l'Université*, n⁰ CLXXI, p. 181 et s.

2. *Nouvelles Ecclésiastiques*, année 1733, p. 132.

M⁰ Philippe Poirier, on remarqua que seul des anciens, M⁰ Debacq avait assisté à l'installation du nouveau recteur.

Sous l'administration de M⁰ Debacq, nous retrouvons M⁰ Enguehard régent de troisième dans ce même collége où il avait
disputé la chaire de sixième à M⁰ Courteille. Comme si la paix
n'eût pas été possible dans la maison du Cardinal, Enguehard était
déjà en querelle et en procès avec le nouveau principal au sujet de
la chapelle du collége; mais, fait plus grave, l'insuffisance de son
enseignement donnait lieu à de telles plaintes que le roi jugea utile
d'intervenir, et destitua par une lettre de cachet le professeur inca-
pable. Cette révocation fit quelque bruit dans les écoles. L'Université se plaignit[1] au cardinal Fleury qu'un des siens eût été frappé
sans avoir été entendu, et sans que le tribunal du recteur eût été
appelé à le juger. Le cardinal répondit que « Sa Majesté ne s'étoit
déterminée qu'après les avis réitérés qui lui avoient été donnés sur
la négligence avec laquelle le s⁰ Enguehard faisoit ses fonctions; que
sa classe étoit presque déserte, et qu'il avoit paru nécessaire d'y
apporter un plein remède, afin de prévenir l'interruption des
autres classes qui n'auroit pas manqué de s'en suivre du défaut
d'exercice de la troisième. » Fleury ajoutait que « si l'Université
avoit jugé à propos d'y mettre bon ordre, le roi ne se seroit pas
servi de son autorité en cette occasion[2]. » Le sévère ministre finit
par s'adoucir et M⁰ Enguehard fut réintégré dans ses fonctions.
Mais le fait nous a paru digne d'être relevé; il montre que sous
l'ancienne monarchie, malgré les priviléges du corps auquel ils
appartenaient, les membres les plus humbles de l'Université,
même pour des faits purement scolaires, n'étaient pas à l'abri
d'une destitution prononcée directement par le pouvoir royal.

Nous sommes parvenus à une époque où la maison du Cardinal
Lemoine cède la première place à d'autres établissements, mieux
administrés, et ne figure plus qu'au second plan et de loin en loin
dans l'histoire des colléges de Paris. Il est à remarquer que ses
élèves n'obtinrent jamais de brillants succès au concours général.
Lors de la première distribution des prix en 1747, pas un seul ne
fut nommé; dans les années suivantes quelques rares nominations

---

1. Mémoire du 17 avril 1734.

2. Lettre du 20 avril 1734. L'Université y répondit par de nouvelles
observations à la date du 1ᵉʳ mai. On trouvera tous ces documents dans nos
Pièces justificatives, p. 187 et suiv.

rappelèrent seules le nom de ce collége qui naguères était classé parmi ceux qui honoraient le plus l'Université! Une année même, en 1784, de grands désordres ayant éclaté pendant la composition du discours français dont le sujet était l'éloge de Rollin, les rhétoriciens du cardinal Lemoine furent accusés d'avoir été les instigateurs du trouble, en haine de Rollin et de Jansénius[1].

Malgré ces symptômes d'une décadence qui n'aurait pas été sans remède, si les événements ne s'étaient pas précipités, le collége du Cardinal Lemoine continua de posséder, durant tout le cours du xviii° siècle, des maîtres habiles, aimant les lettres classiques et capables d'en inspirer le goût autant par leurs exemples que par leurs leçons. Une églogue latine, à l'imitation de Virgile, dans laquelle un régent, M° Pipon, exprimait en 1699 la douleur de voir réduits ses modestes émoluments et ceux de ses collègues, est une pièce agréablement versifiée et qui méritait de nous être conservée[2]. Un autre régent, M° Pierre Pestel, qui occupait la chaire de rhétorique, fut, de 1686 à 1712, comme le poëte attitré auquel était dévolu ou plutôt qui s'était attribué le soin de chanter, dans la langue de Virgile et d'Horace, les douleurs et les joies de la France. On a de lui sur les sujets les plus variés, les uns tristes, les autres joyeux, un grand nombre de pièces de vers latins qu'on peut lire dans les recueils de la bibliothèque de la Sorbonne[3]. En 1719, J. Marie, l'un des successeurs de Pestel dans la chaire de rhétorique, remerciait Louis XV d'avoir permis, par ses libéralités, que les régents eussent un traitement indépendant des rétributions acquittées jusque-là par les écoliers, et que chaque père de famille, sans avoir rien à payer, pût envoyer désormais ses enfants aux classes du collége de son choix[4]. En 1725, un autre régent, M° Longuet de Préfontaine, publiait une ode sur le mariage du roi. L'abbé Leroy, qui enseigna au collége Mazarin avant d'être attaché au collége du cardinal Lemoine,

---

1. *Hist. de l'Université*, etc., p. 471.

2. Voyez le recueil de Gaullyer, *Selecta carmina orationesque clarissimorum quorumdam in Universitate Parisiensi professorum*, etc. Paris, 1727, in-12, p. 341. Cf. *Hist. de l'Université*, p. 279.

3. La bibliothèque de l'Université possède un grand nombre de recueils factices renfermant les pièces de vers composées par des régents de l'ancienne Université de Paris. Les pièces qui portent le nom de Pestel font partie des volumes inscrits sous les lettres H. F. u., et sous les numéros 60, 64, 65.

4. Bibl. de l'Univ., H. F. u. 67.

s'était fait remarquer par un grand nombre de pièces de circonstance, odes, discours, etc., lorsque déjà professeur émérite,
il fit paraître, en 1773, ses *Eléments de la langue grecque,
suivis de la première partie du nouveau choix des fables d'Esope
avec des notes où tous les mots sont expliqués et rappelés aux
éléments et à leur racine*, etc. [1]. Mais le collége du Cardinal
peut revendiquer des noms plus connus que ceux que nous
venons de tirer de l'oubli. N'a-t-il pas, durant vingt ans, compté
parmi ses régents le modèle des maîtres de l'enfance, Lhomond,
qui ne voulut jamais quitter sa chaire de sixième et qui la conserva
jusqu'au jour où il en fut expulsé par la Révolution? A côté
de Lhomond, M⁰ Lange, moins modeste et moins sûr que son
humble collègue, enseignait la philosophie, non pas la philosophie d'Aristote, ni même celle de Descartes, mais la philosophie
de Condillac. Séduit par les idées nouvelles, il osa, dans une
thèse qu'il présidait, faire soutenir par l'un de ses écoliers ce
paradoxe renouvelé de Bayle, que l'athéisme est préférable au
polythéisme [2]. Quand la Faculté des arts eut décidé, à la fin de
1789, que l'enseignement de la philosophie aurait lieu désormais
en français, Lange composa des *Eléments de physique*, le premier
ouvrage en ce genre, écrit dans la langue nationale, que l'Université de Paris ait adopté pour l'usage des classes [3]. Citons encore
parmi les régents du collége du Cardinal un savant qui devait
acquérir plus tard un nom illustre en créant la science de la minéralogie, l'abbé Haüy.

Lorsque le généreux fondateur de ce collége l'avait institué près
de cinq cents ans auparavant, la première condition qu'il avait
exigée de ceux qui seraient appelés à continuer son œuvre, c'était
une foi sincère et pure, une soumission filiale à l'Église. Ses intentions furent respectées jusqu'au jour où l'antique maison qu'il avait
fondée disparut dans la tourmente qui emporta la vieille société
française. Assurément les maîtres qui en occupaient les chaires
dans les années voisines de la Révolution n'étaient pas tous des
esprits éminents; mais le plus grand nombre se faisaient remarquer
par un attachement inviolable à la religion de leurs pères. Aussi

---

1. Paris, Barbou, in-12 do 110 pages.
2. *Nouvelles ecclésiastiques*, an. 1784, p. 169 et suiv.; *Hist. de l'Université*, p. 463.
3. *Hist. de l'Université*, p. 485.

quand la constitution civile du clergé eut été publiée, M. Lange et deux de ses collégues furent les seuls qui eurent la faiblesse d'y prêter serment; le serment ne put être obtenu du grand maître Baudouin, ni des autres professeurs et boursiers, savoir : Lhomond, Le Vasseur, Masse, Riche, Henoque, Pipaut, Casset, Courtin, Brallet, Haüy [1]. Avant que la suppression des Universités eût été définitivement prononcée, ces fidèles chrétiens, ceux du moins qui occupaient les chaires, furent remplacés par des maîtres moins soucieux de leurs devoirs envers l'Eglise et plus dociles aux volontés du législateur civil.

Le collége du cardinal Lemoine comptait alors 250 élèves, tant externes qu'internes [2].

Les recettes s'étaient élevées en 1755 à 34,807 livres 17 sous 6 deniers. Parmi les articles qu'elles comprenaient nous nous bornerons à signaler les suivants : Jardin, chantier et terrain attenant au collége, 5,342 livres; cens et rentes dus au collége pour maisons sises quai de la Tournelle, 87 livres 10 s. 4 d.; rentes foncières, 762 l. 7 s.; revenus provenant des fermes, bois et autres biens sis hors Paris, 6,769 l.

La même année, la dépense avait atteint le chiffre de 36,367 livres 7 deniers; ce qui donnait, comparativement aux recettes, un excédant, c'est-à-dire un déficit de 1559 l. 2 s. 9 d.; mais il importe de remarquer qu'à la dépense figurent des non-valeurs pour 15,525 l. [3].

Dans le compte de 1790, la recette s'élève à plus de 62,009 l. Ce qu'elle offre de remarquable, c'est l'augmentation des produits des immeubles. Ainsi le jardin, le chantier et le terrain attenant au collége rapportent 7,200 livres au lieu de 5,342 en 1755. Les fermes et autres biens de campagne rapportent 16,097 livres au lieu de 6,769. Les rentes foncières montent à 2,383 livres, au lieu de 762 en 1755 [4].

La fortune de la maison n'avait donc pas cessé d'être bien administrée, quoiqu'elle eût subi, depuis le xive siècle, de nombreuses transformations.

---

1. *Hist. de l'Université*, p. 487.
2. Rapport au roi sur l'instruction secondaire, Paris 1843, in-4°, p. 298 et 299.
3. Archives nationales, H. 2773.
4. Archives nationales, H. 2774.

Mais les institutions les plus prospères étaient destinées au même sort que celles qui tombaient en ruine; les unes et les autres allaient disparaître pour faire place à des institutions nouvelles que la société française n'engendrerait qu'après une longue attente et qu'au prix des épreuves les plus douloureuses. Par le décret du 15 septembre 1793, le collége du cardinal Lemoine fut supprimé, comme tous les autres colléges de plein exercice, comme les Facultés de théologie, de droit, de médecine et des arts qui existaient sur le territoire de la France. Quelques années après ses biens furent vendus; il ne resta pas pierre sur pierre des bâtiments qu'il occupait dans la rue Saint-Victor; et ainsi que nous le disions en commençant ces pages, le seul souvenir que la ville de Paris ait conservé de cette maison naguères illustre, c'est le nom du cardinal, son fondateur, donné à une rue.

APPENDICE.

I.

In nomine Domini nostri Jesu Christi amen. Anno nativitatis ejusdem 1302, indictione quindecima, die quinta mensis Martii, pontificatus sanctissimi patris domini Bonifacii papæ octavi anno octavo, in præsentia mei notarii et testium subscriptorum ad hoc specialiter vocatorum et rogatorum, religiosus vir frater Franciscus, prior generalis ordinis Fratrum Heremitarum sancti Augustini, habens, ut dicebat, a sede apostolica potestatem alienandi, vendendi, dandi et tradendi domum quandam seu locum, cum pertinenciis suis, vocatum de Cardineto vulgariter, quam seu quem idem ordo habebat et inhabitare consuevit Parisius in vico Sancti Victoris juxta domum quæ vocatur domus Bonorum puerorum, domum ipsam seu locum de Cardineto, cum omnibus libertatibus, immunitatibus, juribus et pertinenciis suis alienavit, vendidit dedit et tradidit imperpetuum, prout idem ordo eam seu cum tenuit et possedit, reverendo patri Domino Johanni, miseratione divina tituli sanctorum Marcellini et Petri presbytero cardinali, accipienti pro se et ad opus pauperum scholarium studentium in artibus nec non et magistrorum earumdem artium in theologica facultate instruendorum, ad habendum, tenendum et possidendum, cum omnibus et singulis ad istam domum seu ipsum locum spectantibus, et cum omni jure et actione sibi dictisque pauperibus scolaribus et magistris pro ipsa domo seu ipso loco aut eidem domui seu loco pertinente, pro pretio mille librarum Parisiensium. Quod quidem pretium idem prior generalis confessus fuit et in veritate recognovit se habuisse et recepisse a præfato domino cardinali, exceptioni non dati et non soluti pretii omnino renuntians. Quam quidem domum seu locum cum pertinentiis et juribus omnibus idem venditor se, nomine ipsius Domini cardinalis et prædictorum magistrorum ac pauperum, constituit possidere, donec idem dominus cardinalis et dicti pauperes ac magistri per se vel per alium aut alios possessionem dictæ domus seu dicti loci acceperint corporalem, quam accipiendi sua auctoritate ac retinendi deinceps eis licentiam omnimodam dedit. Promittens per se et fratres dicti ordinis præfato domino cardinali et dictis pauperibus ac magistris stipulantibus litem vel controversiam eisdem domino cardinali ac aliis prædictis de dicta domo seu loco ac ejus juribus et pertinenciis aut aliqua parte ipsarum ullo tempore non inferre, nec inferenti consentire, sed ipsam domum seu locum cum pertinenciis ante dictis ab omni homine et universitate legitime defendere, et ipsum dominum cardinalem ac præfatos magistros et pauperes in potestate facere potiores. Et si quo tempore lis, vel questio aut controversia quocumque jure vel modo de domo seu loco de Cardineto et pertinentiis supradictis movebitur eisdem domino cardinali vel pauperibus aut magistris, ipsam litem, questionem seu controversiam idem prior et successores sui, dicti ordinis priores et fratres in se recipiant, quandocumque et quotiescumque eisdem fuerit denunciatum, etc.....

Actum Romæ in hospitio præfati domini cardinalis, præsentibus religiosis viris, domino Deodato de Severiaco, priore de Toleniaco, Lectorensis diocesis; fratre Johanne de Brayo, canonico Vallis Scolarium Parisiensis; et magistris Simone de Valleregia, capicerio ecclesiæ Sancti Stephani, de Gressibus Parisiensis; Thoma de Gayssard, Ambianensis diocesis, capellano supradicti domini cardinalis, magistro Johanne de Caserta, canonico ecclesiæ sancti Audomari Morinensis diocesis, ac fratribus Roberto de Monterubiano, Gregorio de Luca et Alexandro de Sancto Elpidio, ordinis ante dicti, testibus ad hoc vocatis specialiter et rogatis.

Et ego Blasius notarii Mathei de Sugio publicus apostolica et imperiali auctoritate notarius..., etc.

(Archives nationales S. 6392, n° 17.)

II.

Universis presentes litteras inspecturis decanus et capitulum Parisiensis ecclesie salutem sempiternam in Domino. Noveritis quod nos,

pensata et considerata utilitate nostre Parisiensis ecclesie, et amore
atque affectione reverendi sub Christo patris ac domini, domini
Joannis, Dei gratia tituli sanctorum Marcellini et Petri presbyteri cardinalis, erga eandem ecclesiam nostram et capitulum Parisiense qui
domum et locum de Cardineto quem prior et fratres Ordinis Heremitarum sancti Augustini antea habebant et habere sueverant Parisius in vico Sancti Victoris, nuper emit ab eodem priore et fratribus,
idque ad opus pauperum scholarium studentium in liberalibus artibus, nec non in theologica facultate instruendorum, ut ibidem colle-
gium erigeret, cujus loci seu collegii superioritatem idem reverendus
in Christo patre ac domino dominus Joannes cardinalis demandavit
dominis episcopo et decano ecclesie Parisiensis, voluitque ut iidem
magistrum dicti collegii eligere, et electum de causa amovere, et
alium in ejus locum idoneum subrogare valerent : atque insuper magistrum Simonem de Guibervilla, canonicum dicte ecclesie Parisiensis, primum magistrum dicti collegii esse ordinavit : Nos considerantes
hec et alia beneficia per dictum reverendum patrem dominum Joannem Cardinalem nobis alias et ecclesie nostre impensa, circumspec-
tamque paternitatis ipsius prudentiam nobis et ecclesie nostre pre-
dicte successivis temporibus Deo propitio prodesse sperantes, habita
etiam super hoc deliberatione pleniore, precibus et votis reverendi
patris cardinalis annuere volentes, benigniter, jure censive et dominii
quod habebamus super quatuor arpenta terre vel circiter, situata in
dicto loco Cardineti, vendita atque amortisata fratri Juvenali ,vicario
Parisius religiosi viri fratris Clementis, prioris generalis Fratrum
Heremitarum ordinis sancti Augustini, vice et nomine dicti prioris et
totius ordinis, ut [patet] litteris super ea re factis anno Domini ᴍ° ᴄᴄ°
octuagesimo v°, reverendo patri et domino, domino Joanni Cardinali,
et magistris ac scholaribus dicte domus, causam ejus habituris, tradi-
dimus et concessimus pro pretio ducentarum librarum Parisiensium,
jam nobis a dicto reverendo patre domino Cardinali traditarum in
pecunia numerata, dequo ad plenum nos et ecclesia nostra quitta-
vimus predictum dominum cardinalem et magistros et scholares dicte
domus, tenentes nos bene pagatos, cedentes eis ex nunc, et perpetuo
in eos et eorum successores, sive ab eis causam habituros, penitus
transferentes dictum jus censive et dominii quod habebamus aut per-
cipere poteramus ex predictis quatuor arpentis terre, etc..... Datum
anno Domini ᴍ° ᴄᴄᴄ· decimo die martis post Brandones. In cujus rei
testimonium presentes litteras sub eadem data nostro sigillo fecimus
roborari.

(Archives nationales, S. 63g2, n. 4.)

III.

Philippus, Dei gratia Francorum rex, notum facimus universis tam presentibus quam futuris, quod cum dilectus et specialis amicus noster, Johannes, tituli sanctorum Marcellini et Petri presbyter cardinalis, domum de Cardineto que fuit Fratrum ordinis Heremitarum sancti Augustini, et in qua fratres ipsi morari solebant, sitam Parisius in vico Sancti Victoris, contiguam ex una parte domibus Sancti Victoris et ex alia parte domui Bonorum Puerorum, et a parte inferiori domibus Sancti Bernardi et muris civitatis cum quibusdam aliis domibus contiguis, jardinis, plateis et pertinenciis domorum ipsarum dudum acquisierit ac domos ipsas cum appendiciis et pertinenciis supradictis pro usu et inhabitacione pauperum magistrorum et scolarium Parisius studencium concesserit et deputaverit intuitu pietatis; Nos ejus laudabile in hac parte propositum commendantes, illudque benevolo prosequentes affectu, ejus in hac parte devotis precibus annuentes, acquisitionem predictam laudamus, volumus et approbamus expresse, et ex certa scientia auctoritate regia confirmamus...

Actum in abbatia Sancte Marie Regalis prope Pontissaram, anno Domini millesimo trecentesimo undecimo mense junii.

(Archives nationales, trésor des Chartes, *reg. JJ*, 46, pièce 20.)

IV.

Extrait d'une lettre de deux professeurs du Collége du Cardinal Lemoine à l'archevêque de Paris (1699).

Monseigneur,

Le cours de l'affaire dans laquelle se sont trouvés insensiblement engagez la pluspart des Professeurs du collége du Cardinal Lemoine contre Mʳ leur Principal, leur ayant fait connoistre que c'étoit à Votre Grandeur à qui il falloit s'adresser en qualité de supérieur dudit collége comme à l'arbitre des differents qui y arrivent, nous venons avec confiance en la bonté de nòtre cause, vous prier, Monseigneur, de vouloir bien examiner par vous même si nous avons tort ou raison. Quelque soit le succès de notre entreprise, nous nous réjouissons d'avoir pour juge un Prélat aussi éclairé et aussi zélé que Vous l'êtes, Monseigneur, pour que tout soit dans l'ordre.

Avant que Vôtre Grandeur puisse juger de ce dont il s'agit, il est nécessaire qu'on lui fasse un récit également fidele et succint de ce qui a donné occasion à l'affaire qui nous fait recourir à elle.

Le 13ᵉ mars il arriva audit Collège un désordre dont on a parlé dans tout Paris. Mʳ le Principal voulant punir quelques philosophes qui manquoient de respect pour lui et qui avoient rompus (*sic*) quelques carreaux de vitres et une serrure dans ledit collége, s'avisa de faire venir six soldats aux gardes armés, lesquels furent bientôt suivis de quelques autres. M. le Principal étant entré en Logique à la teste de cette troupe lorsque tout étoit fort calme, les soldats tirèrent l'épée, et M^r le Principal désigna ceux qu'il vouloit faire prendre. Ils se saisirent de deux; mais il n'en resta qu'un entre leurs mains. Ils menèrent ce malheureux dans l'appartement de M^r le Principal qui avoit dessein de lui faire donner le foüet; mais les soldats refusant leur ministère pour cela, il lui fit ôter son justaucorps, et lui donna lui-même, à ce qu'on dît, plusieurs coups d'une discipline faitte de cordes. Après ce traittement, les soldats le conduisirent comme un criminel, l'épée tirée, hors du collége, par la porte qui mène à celle de Saint Bernard, n'ayant pour tout habit qu'une veste.

Cette scène s'étant passée en Logique, il voulut en donner une seconde en Physique; mais les physiciens qui avoient entendu le bruict qu'on venoit de faire chez leurs voisins, se barricadèrent dans leur classe, craignant qu'on en voulût aussi à quelques uns d'entre eux. Ils avoient raison de craindre; car effectivement l'orage vint fondre sur eux un moment après. M^r le Principal se présenta avec sa suite, commanda qu'on ouvrît la porte, la voulut faire enfoncer, trouvant de la résistance. Le professeur qui craignoit qu'il n'y eût du sang répandu si les soldats entroient, parce qu'il les voyoit animés et résolus à se deffendre, tint bon à la porte. On fit apporter une échelle pour entrer par une croisée au dessus de la porte, où il n'y a qu'un chassis de papier. Un soldat des plus hardis étoit prest de jetter bas le chassis pour se faire passage. Le tumulte étoit si grand que les voisins et les passants s'attroupoient aux portes. Les uns étoient montés sur les piles de bois, et les autres avoient mis la teste aux fenestres pour estre témoins de ce tragique spectacle. Il seroit infailliblement arrivé du malheur, si les professeurs des autres classes qui furent obligés de sortir, n'eussent contenu les écoliers dans le devoir, et s'ils n'eussent empesché l'exécution du projet de M^r le Principal. Ils firent retirer les soldats, et ce ne fut pas sans s'attirer beaucoup d'insultes de la part de ces gens la.

A la fin, M^r le Principal se rendit à la raison qu'il n'avoit pas voulu écouter dans la première chaleur. On lui fit sentir qu'il perdoit entièrement le collége par un tel procédé; qu'il y avoit des voyes plus douces et de moindre éclat dont on se servoit dans l'Université, quand il s'agissoit de punir un ecolier. Nos remontrances produisirent l'effet que nous en espérions. Il donna ordre aux soldats de s'en aller, promit aux physiciens qu'il ne leur feroit rien, et le trouble cessa de la sorte.

La frayeur et la consternation de tous les esprits, loin de diminuer, redoubla par les réflexions qu'on eut le tems de faire au danger auquel avoit exposé et les maistres et les disciples l'imprudence de leur chef:

les uns et les autres en étoient également indignés. Les parents des Ecoliers furent bien plus irrités, quand ils apprirent ce qui s'étoit passé.

Ceux de l'ecolier qui avoit été maltraité formèrent aussitost leur plainte chez un commissaire, et en suitte chez M^r le Recteur qui nous fit appeller le landemain (sic) pour rendre témoignage de ce que nous scavions. Nous ne trahimes ni la vérité, ni nos sentimens. On ordonna dans cette première assemblée une descente sur les lieux; elle se fit quelques jours après; nous nous y trouvâmes et on nous demanda ce que nous croyions devoir contribuer à l'établissement d'une bonne discipline; nous dîmes de vive voix ce que nous en pensions, et en conséquence de ce, nous fîmes les demandes qui sont le sujet de la contestation d'aujourd'hui. On dit de présenter requeste: nous l'avons donnée, signée de six de nos confrères. M^r le Principal s'est soumis à la juridiction du tribunal de M^r le Recteur, puisqu'il a comparu trois ou quatre fois sans demander de renvoy. Cependant lorsqu'il a préveu que le tribunal ne lui seroit pas favorable, il a eu recours à un déclinatoire fondé sur un arrest du Conseil d'Etat du Roi qu'il dit avoir, par lequel toutes les affaires concernant ledit collége sont renvoyées par devant vous, Monseigneur, et ses deux autres supérieurs, savoir M^{rs} les doyen du Chapitre de Notre Dame de Paris et chancelier de ladite Université. Le tribunal lui a demandé coppie de l'arrest, et c'est ce qu'il n'a pas encore exécuté depuis près d'un mois.

Voila, Monseigneur, en quel état est cette affaire. La quinzaine de Pasques n'a pas été un tems propice à la poursuivre. M^r le Principal s'en est servi à détacher le plus qu'il a pu de nos confrères, les uns par des motifs d'interest particulier, et les autres en les intimidant. Il y en a qui se sont retirés ou qui n'ont point voulu prendre de parti sous prétexte qu'on n'obtiendroit rien. Celui qui porta la parole pour tous devant le tribunal n'a pas signé la requeste pour cette raison.

Pour nous, Monseigneur, qui sous une cause commune, nous voyons abandonnés de nos propres confrères, nous faisons plus de fond qu'eux sur votre équité, etc., etc.

Signé L. Beguin, professeur de 5e.

Guguet, professeur de 3e.

Imprimerie Gouverneur, G. Daupeley à Nogent-le-Rotrou.

12

www.ingramcontent.com/pod-product-compliance
Lightning Source LLC
Chambersburg PA
CBHW061333060726
47596CB00003B/1229